SCÈNES

DE LA VIE MARITIME

PAR

LE CAPITAINE BASIL HALL

TRADUITES DE L'ANGLAIS

PAR AMÉDÉE PICHOT

auteur de l'Histoire de Charles-Édouard

PARIS

LIBRAIRIE DE L. HACHETTE ET Cie

RUE PIERRE-SARRAZIN, N° 14

1853

BIBLIOTHÈQUE

DES CHEMINS DE FER

DEUXIÈME SÉRIE

HISTOIRE ET VOYAGES

Imprimerie de Ch. Lahure (ancienne maison Crapelet)
rue de Vaugirard, 9, près de l'Odéon.

AVANT-PROPOS

DU TRADUCTEUR.

L'auteur de ces esquisses, contemporain et compatriote de sir Walter Scott, a conquis dans les trois royaumes une renommée égale à celle des romanciers de la vie maritime. Le capitaine Basil Hall n'a cependant jamais recours aux artifices de la fiction pour nous intéresser. Tout est vrai dans ses récits, les faits et les descriptions. Le naturel du style ajoute encore à ce charme de vérité si rare aujourd'hui dans la littérature et les arts.

Voici déjà plusieurs années que je révélai ce talent original aux lecteurs français par des fragments insérés dans la Revue dont j'étais le directeur. Un de mes collaborateurs réunit depuis ces extraits en un corps d'ouvrage qui parut sous le titre de *Mémoires et Voyages*, formant quatre volumes in-8°, qu'on ne trouve plus dans le commerce. En réimprimant aujourd'hui les *Scènes de la vie maritime*, j'ai cru pouvoir en élaguer quelques chapitres. Un volume à part contiendra les souvenirs du voyage aux Indes. Les deux ouvrages, quoique parfaitement distincts, se complètent néanmoins l'un par l'autre.

Le capitaine Basil Hall a bien voulu approuver dans le temps cette traduction, dont la grande difficulté consistait à trouver les équivalents français des termes techniques de la marine anglaise. Malgré les conseils que voulut bien me donner un confrère de l'indulgent capitaine, je ne doute pas que quelques inexactitudes ne puissent être encore relevées par les critiques compétents ; mais j'espère aussi que le mérite de l'ouvrage triomphera une fois encore de ce qui n'a point empêché le succès des éditions précédentes.

AMÉDÉE PICHOT.

Paris, mai 1853.

SCÈNES

DE LA VIE MARITIME.

I.

Mes goûts d'enfance.

Diverses circonstances concoururent à me donner de très-bonne heure ce qu'on appelle « le goût de la mer. » En premier lieu, ma mère me mit au monde au bruit d'une tempête. Telle était la violence du vent, la pluie battait les murailles et le toit avec une telle force, qu'on se préparait à transporter l'accouchée dans une partie plus solide de notre demeure, qui tremblait du grenier à la cave. En effet, les mugissements des vagues sur la côte voisine, le sifflement de l'ouragan dans la forêt, l'ébranlement de la maison, firent, dans cette nuit mémorable, une impression si vive sur tous ceux qui étaient là présents, qu'aussitôt que je fus en âge de comprendre la parole, tout ce que j'entendis raconter de ma naissance commença à jeter dans mon esprit les semences de ma vie future. Longtemps avant que je me fusse *embarqué* dans mes premières culottes, je pressentis que ma destinée serait de vivre sur la mer; et, comme chacun m'encourageait dans cette sorte d'instinct, je grandis avec la presque certitude d'être marin, comme un fils aîné grandit, en Écosse, avec celle de devenir le propriétaire du champ paternel, parce que cet enfant sait bien vite qu'il jouira un jour, grâce au code du pays, du privilége de la substitution.

Lorsque je fus mis au collége d'Édimbourg[1], je passais mes vacances à la campagne sur une des côtes d'Écosse les plus propres à favoriser les inclinations nautiques. Pendant les longs et ennuyeux mois qui précédaient et suivaient ces six semaines délicieuses de liberté, au lieu de condamner mon intelligence à comprendre les règles abstraites de la grammaire, unique but que se proposait dans la vie notre digne professeur, je retournais, par l'imagination, à cette côte rocailleuse, à ces grèves pittoresques, à ce rivage bordé de fer, comme on l'appelle dans la langue maritime, le long duquel j'errais avec tant de bonheur pendant mes douces vacances.

Le contraste qui s'offrait sans cesse à ma pensée

1. Il s'agit ici de l'école supérieure (*old school*) où sir Walter Scott fit aussi une partie de ses études élémentaires.

entre la routine boiteuse de la discipline scolastique et la glorieuse liberté de la plage, me privait même de presque tout l'intérêt que j'aurais pu trouver dans les jeux qui remplissaient l'intervalle des classes pour les autres enfants. A force de rouler nuit et jour dans ma tête ces idées, je devins sombre et si malheureux, que le simple souvenir de ce que j'éprouvais alors me fait souvent frissonner, quoique plus de trente ans aient passé depuis sur ma tête. Le maître de ma classe était, je crois, aussi brave homme qu'on peut l'être; mais il se serait cru bien coupable envers sa profession, qu'il estimait la première du monde, s'il avait toléré qu'aucun écolier eût un grain de sensibilité de plus ou une plus grande indépendance de pensée que ses camarades. Encore moins pouvait-il comprendre qu'aucun de nous prétendît avoir des caprices d'imagination dont l'objet fût situé au delà des limites de la cour de récréation.

Une seule fois, pendant mon séjour dans ces « limbes, » comme les catholiques d'Espagne appellent le purgatoire des enfants, il me fut adressé quelques paroles de bienveillance par le chef du collége. Il me prit à part, et, d'un ton si peu usité dans le gouvernement despotique des écoles, qu'il me fit tressaillir, il me dit : « Comment se fait-il, mon enfant, que vous soyez toujours si mélancolique, et qu'on ne vous voie jamais jouer avec les autres? » Je lui répondis que la réclusion du collége était trop triste; que je ne pouvais souffrir d'être toujours traité comme si je n'avais pas des idées à moi et un instinct particulier à suivre; que ce n'était pas du nombre des heures des classes que je me plaignais, mais de leur distribution gênante, etc. « Laissez-moi, monsieur, lui dis-je, choisir mes heures et mes sujets d'étude, et je travaillerai de bon cœur, même plus longtemps. »

Il sourit, me donna une petite tape caressante sur la tête, et me fit observer que les heures et la discipline de la maison ne pouvaient être changées pour faire plaisir à un enfant capricieux. Je le savais déjà, et n'étais pas absurde au point de supposer qu'une école publique pût se régler sur mes idées de visionnaire; tout ce que je demandais, c'était qu'on eût quelques égards pour mon caractère, et qu'on fît quelquefois plier la règle devant une exception.

Quelques fausses idées de l'avenir troublaient aussi ma jeune tête; car je ne pouvais avoir des idées bien justes du bonheur et de la liberté d'un monde que je ne connaissais que par ouï-dire. Il me tomba un jour sous les yeux l'ode de Gray, « Sur une vue lointaine du collége d'Éton, » poëme rempli sans doute d'images très-poétiques, beau d'expression et de pensées, mais plus propre à faire naître le découragement que l'espérance, en nous disant que les jours du collége sont incontestablement plus heureux que ceux de la vie ultérieure. Je ne sais ce que les progrès des lumières ont pu produire depuis lors pour y remédier; mais de mon temps, et dans le collége où j'étais, l'époque de l'enfance, pour moi du moins, était si triste que je me souviens, après avoir lu l'ode en question, de m'être écrié avec désespoir : « S'il est vrai que la vie hors du collége doive être plus malheureuse que celle-ci, hélas! à quoi bon venir au monde ? »

C'est avec cette disposition mélancolique que je lus maint autre poëte ou prosateur, et, à mon grand mécontentement, je trouvai très-rarement dans ces livres une perspective plus consolante. Il m'a fallu bien des années de vicissitudes et d'épreuves dans la vie actuelle pour découvrir la fausseté de presque toutes ces assertions sur le bonheur comparatif de l'école, et pour me convaincre que tout dépend essentiellement de nous-mêmes, puisque, dans tout le cours de nos années, la somme exacte de notre bonheur correspond au degré de bonne humeur avec lequel nous remplissons nos devoirs. Il m'a toujours semblé que c'était calomnier notre nature et mésuser des dons de la Providence que de déclarer que les premiers jours de la vie doivent nécessairement être les plus heureux. Le vrai, le grand jour de la vie doit se trouver à une époque plus avancée, lorsque les facultés de l'homme sont beaucoup plus mûres, et la volonté laissée libre.

Quoi qu'il en soit, je ne perdais jamais une minute pour m'éloigner du collége, dès que nos examens annuels étaient terminés. On s'imagine bien que je ne jouais jamais un rôle bien brillant dans ces épreuves périodiques. Je me contentais de me placer un peu au-dessus du milieu, en partie parce que là aussi se tenaient quelques écoliers que j'aimais, et en partie parce que le banc qui nous était réservé se trouvait près du feu. Aussitôt que le terme de ma captivité était expiré, je courais au bureau de la diligence, et je ne me sentais parfaitement satisfait qu'une fois bien assis sur l'impériale, « à côté de mon ami le garde[1], » et roulant sur la grande route. Arrivé à la campagne, mon premier soin était toujours d'aller chercher sur la plage quelques pêcheurs, qui s'engageaient volontiers à me faire faire une promenade en mer le lendemain matin. Après une nuit de plaisirs anticipés, je me voyais ordinairement, au lever du soleil, dans un bateau de pêche, à une demi-lieue de la côte, entouré d'esprits sympathiques, je veux dire de compagnons qui n'avaient aucune idée de grammaire, et qui consentaient, soit pour mon ar-

1. Il y a dans une diligence anglaise un cocher et un garde ; celui-ci est sous les ordres de l'autre.

gent, soit pour reconnaître l'estime que je faisais de leur profession, à me considérer comme quelqu'un, et non plus comme un simple zéro, ne servant qu'à faire nombre dans l'école, sans avoir aucune valeur par moi-même.

A tout événement, ces braves gens s'amusaient tant de mon enthousiasme pour leur métier, qu'ils prenaient plaisir à nourrir ma jeune imagination du récit des périls et des travaux de la vie navale, dont la joyeuse agitation rejetait dans l'ombre d'un triste contraste les ennuyeuses règles de la syntaxe. Dans ces expéditions, néanmoins, j'étais toujours cruellement tourmenté du mal de mer, car on devine bien que les bateaux de nos pêcheurs n'étaient pas aussi commodes qu'un bâtiment de guerre; et ils contenaient généralement une telle dose d'eau saumâtre et de débris de poissons pourris, que mon goût pour la mer avait souvent à lutter désavantageusement contre la révolte de mon estomac : je dois même avouer que je sortis plus d'une fois du bateau, enchanté d'appuyer le pied sur la terre ferme, et de respirer une atmosphère moins *poissonneuse*, et faisant du bout des lèvres le serment qu'on ne m'y prendrait plus.

Mais cette légère infidélité à mon élément chéri n'était que passagère; car elle durait rarement au delà du temps qu'il fallait pour gravir l'extrême bord du banc à pic qui formait le rempart de la côte. De cette hauteur la vue s'étendait d'un côté jusqu'au golfe de Forth, avec mainte montagne au delà, et l'océan Germanique sous mes pieds, tandis que de l'autre, dans la direction du levant, j'apercevais le noble promontoire appelé Fast-Castle, et mieux connu sous le nom de « Rocher du Loup (*Wolf crag*) » dans le roman de *la Fiancée de Lammermoor*. Pour ma jeune imagination, c'était là le plus sublime des sites du monde; aujourd'hui même, après avoir erré pendant plus d'un quart de siècle sur la surface du globe, et vu de mes yeux quelques-uns des plus beaux spectacles de la nature, je n'ai rien changé à cette opinion, si ce n'est que j'admire ce site davantage encore. Dans le fait, il faut en général beaucoup de temps et des moyens multipliés de comparaison pour arriver à une juste conception de ce qui est vraiment grand et beau, et pour apprécier comme tel ce qui souvent se trouve à notre porte. Cela s'applique à d'autres choses peut-être que le paysage; mais ce n'est que du paysage que je veux parler aujourd'hui, et certainement on ne peut rien imaginer de plus remarquable que la vue dont on jouit du lieu en question. La mer, étant sur cette côte une grande route commerciale, est communément couverte de vaisseaux de toutes les formes, de toutes les dimensions, et je pourrais ajouter de toutes les couleurs; car, ce que la lumière et les ombres du ciel ne font pas, les marins le font eux-mêmes en bariolant leurs voiles et en peignant leurs navires. Tandis que tous ces bâtiments passaient et disparaissaient à mes yeux, les uns après les autres, au delà de l'horizon, j'éprouvais le plus vif désir de les suivre sur ces vastes mers dont j'avais lu tant de récits, où l'on perd la terre de vue pendant des mois entiers, où chaque nouvelle nuit nous apporte de nouvelles étoiles, où chaque oiseau et chaque poisson, aussi bien que chaque souffle d'air, indiquent un autre climat et presque un autre monde.

En attendant, mes opérations en matière maritime étaient nécessairement limitées à la mare de la ferme, où, assisté d'un obligeant garçon charpentier, je me hasardai à tenter mon premier voyage. Notre vaisseau consistait en deux ou trois soliveaux et quelques planches liées ou clouées en travers. Nous eûmes bientôt trouvé notre mât en enlevant un poteau à la clôture la plus voisine; mais il fut beaucoup plus difficile de se procurer une voile; car la toile était une matière trop au-dessus de nos finances et de notre crédit. Enfin mon ingénieux compagnon, qui, soit dit en passant, se distingua plus tard comme constructeur de navires, me suggéra l'idée d'employer une des couvertures dont le jardinier se servait pour protéger ses plantes contre le froid. C'est ainsi que peu à peu notre brave vaisseau fut enfin construit et gréé. Tout étant prêt le second jour de nos travaux, et le vent favorable, nous partîmes d'une extrémité de cette *mer Méditerranée ;* après un heureux voyage de dix minutes, et « par la grâce de Dieu, » pour me servir du style des connaissements ou lettres de cargaison, plutôt que par notre habileté, nous abordâmes à l'autre extrémité, sans aucune avarie sérieuse.

Le plaisir que ce voyage primitif me causa n'a guère été surpassé depuis. C'était le premier bonheur sans mélange que j'eusse éprouvé, et il m'ouvrait tout à coup une nouvelle perspective d'espoir et de résolution, qui me rendit le lourd fardeau de la vie de collége un peu moins intolérable qu'auparavant. Après cet essai, on devine quels voyages au long cours fit ma jeune imagination, évoquant tour à tour les périls et les jouissances de la mer, le capitaine Cook et Robinson Crusoé, dont je me figurais être l'émule et le continuateur.

Je ne pouvais guère penser alors que les réalités de la vie atteindraient jamais à ces rêves de l'imagination. Et cependant, quelque enthousiaste que je fusse, je n'ai cessé de rencontrer depuis, dans mes courses à travers le monde, des choses plus curieuses, et, sous tous les rapports, plus intéressantes que celles que j'attendais ; ou, si l'objet de ma curiosité m'a quelquefois déçu, je me suis mis à en poursuivre un autre, qui a toujours fini par récompenser et au delà ma nouvelle ardeur. Déjà, dans mon enfance, chaque année de nouveaux incidents, la plupart tristes et décourageants, il est vrai, venaient entretenir cette curiosité insatiable sur la côte où je passais mes vacances. A dix lieues, ou à trente milles géographiques, de la maison où j'étais né, est situé le Bell-Rock, juste au delà de l'embouchure du Tay, tout près du bord septentrional du grand détroit appelé le Firth, ou golfe du Forth. A l'époque dont je parle, Bell-Rock passait avec raison pour un des plus formidables écueils qu'eussent à rencontrer les navigateurs de ces mers; car sa tête restait plongée sous les flots pendant la plus grande partie de la marée montante, et il ne se révélait jamais en aucun temps sur sa surface. Tout ce qu'on pouvait faire était de se garder de son approche, ou, comme disent les marins, de laisser au récif un large cadre. En conséquence, les navires, dans leur continuelle terreur de ce fatal rocher, ne se contentaient pas de mettre entre eux et lui un espace de dix ou même de vingt milles, mais ils s'écartaient de plus en plus vers le sud, de manière à coudoyer le rivage; aussi, lorsque le vent tournait subitement au nord, comme il arrivait souvent, les marins trop prudents s'exposaient à s'engager dans une baie profonde, à l'ouest de Fast-Castle. Si la brise fraîchissait avant qu'ils pussent tirer au large, ils payaient cher leurs appréhensions du Bell-Rock, en heurtant sur des bas-fonds aussi dangereux, beaucoup plus étendus et inévitables. C'est ainsi qu'à cette époque, trois, quatre et quelquefois six navires faisaient ordinairement naufrage, chaque hiver, à un mille ou deux de notre porte.

Il n'est pas beaucoup de spectacles qui parlent plus à l'imagination qu'un vaisseau échoué sur une côte, et surtout sur une côte comme celle-là, bordée de récifs qui s'étendent au loin et n'offrent aucun abri. Le malheureux vaisseau reste démâté, battu par les vagues, avec son équipage au désespoir se cramponnant aux mâtures ou aux agrès, et poussant des cris de détresse qui se perdent dans le mugissement de la mer, tandis qu'à chaque nouvelle lame diminue le nombre des naufragés, jusqu'à ce qu'ils disparaissent tous : enfin le brave navire est mis en pièces, et la côte, sur une lieue d'étendue, se couvre de planches et de mâts brisés, de caisses entr'ouvertes, et de tous les débris de la précieuse cargaison, sous le fret de laquelle quelques heures auparavant le vaisseau voguait avec assurance et fierté sur la plaine des flots.

Mais ce serait bien se méprendre que de supposer que le spectacle de ces désastres, et encore moins la description des périls de la navigation, puissent en rien détourner une jeune tête de sa préférence instinctive pour une profession qui offre des séductions aussi vives et aussi variées que celle du marin. Quant à moi, chaque nouveau naufrage dont j'étais témoin ne servait qu'à m'exciter de plus en plus à poursuivre le but de tous mes rêves.

Je me souviens cependant d'avoir éprouvé une émotion solennelle, qui parfois approchait de la terreur, en voyant les vagues se dresser sur ces malheureux navires dévoués au naufrage, et les fracasser peu à peu, à mesure que la marée avançait. Mais il y avait au fond de mon cœur une confiance et un charme inconnus qui l'emportaient sur ces faiblesses passagères. On raconte encore aujourd'hui parmi nos pêcheurs une histoire dont je suis le héros. Je contribuai, selon eux, à sauver un équipage, en engageant quelques hommes de la campagne à transporter sur une charrette un bateau qu'il fallait aller chercher de l'autre côté de la montagne. On ajoute que je n'avais que quelques sous dans ma poche, et que, l'offre de cet argent ne pouvant suffire pour déterminer le charretier à se détourner de sa route, je déclarai hardiment que j'étais autorisé par mon père à promettre cinq guinées. Alors le charretier consentit à laisser mettre la cargaison inaccoutumée sur sa voiture, et le bateau arriva à temps. Je n'ai aucun souvenir, je l'avoue, de cet incident; mais quelque chose de ce genre pouvait bien avoir eu lieu ou être supposé même par les pêcheurs mes bons amis et mes admirateurs. Ce qu'il y a de certain, c'est que, ne me sentant pas avec eux un être aussi inutile au monde que je le paraissais au collége, je dus m'attacher par des liens de plus en plus forts à la profession que je m'étais choisie.

Les générations futures de ma famille n'auront plus ce triste motif d'encouragement pour ceux de leurs enfants qui se destineront à la marine : les naufrages dont j'étais si souvent le témoin ne se renouvellent guère plus, heureusement pour le commerce et l'humanité. Le fâtal Bell-Rock, cause indirecte de tant de malheurs, a été dernièrement converti en une des plus précieuses sécurités que puisse recevoir la navigation. La science, à force de persévérance, est parvenue à ériger un phare de cent vingt pieds de haut sur ce formidable récif. Le nocher, au lieu de faire tout son possible pour éviter le Bell-Rock, se félicite lorsqu'il peut apercevoir l'étoile tournante qui brille à son sommet, et que la diversité de ses couleurs fait aisément distinguer. Grâce à cette clarté amie;

il peut se diriger en toute sûreté vers le port, malgré la nuit la plus obscure.

En revenant de ces scènes d'une vie active à la plus pittoresque des cités, la vieille ville d'Édimbourg, j'étais plongé dans les ténèbres dix fois épaisses de mon collége. Le hasard me fit tomber un jour sur le passage où Shakspeare décrit le mousse qui dort à la cime du mât. Cette idée allait si bien à l'imagination d'un futur marin, elle me parut si poétique, comme elle l'est réellement, que je n'eus pas de repos que je ne me fusse procuré un exemplaire de tout le théâtre du poëte. Je le lus d'un bout à l'autre, au grand dommage, j'ai presque honte de le dire, de tout le petit respect que je pouvais avoir pour les classiques. J'eus bientôt appris par cœur « la Tempête, » la partie nautique principalement, et je jurai une éternelle amitié au contre-maître de la pièce, dont le savoir, par parenthèse, quelque étrange qu'il soit, est sur tous les points parfaitement correct. Où Shakspeare a-t-il pris tout cela?

En ce temps-là aussi, alors que mon imagination faisait un bizarre amalgame de naufrages vrais ou supposés avec les difficultés de la syntaxe latine, un jour de promenade, je rencontrai mon père dans la rue, près de la maison de feu lord Duncan.

« Je vous trouve à propos, mon petit maître

matelot, me cria-t-il; je veux vous faire voir le héros de Camperdown[1]. »

Je fus donc présenté comme un futur camarade à ce grand capitaine, dont le noble aspect était si bien d'accord avec sa haute renommée, que je sentais croître de plus en plus mon respect pour lui.

« Vous n'avez pas mauvais goût de vouloir être marin, jeune homme, me dit Sa Seigneurie avec bienveillance, et, si vous voulez venir avec moi, je vais vous montrer quelque chose pour vous engager à persister dans votre vocation. »

Ce disant, il me conduisit dans une autre pièce où était suspendu un pavillon qu'il avait pris à l'amiral de Winter, le 11 octobre 1797. Je ne pouvais voir ce trophée sans intérêt; mais je fus plus enchanté encore de la franchise et de la bienveillance du vieux marin. Je ne pus m'empêcher de penser que, si un tel homme croyait pouvoir faire attention à un enfant, cet enfant avait droit à un peu plus d'égards qu'on ne lui en témoignait au collége. Je me souviens que, le lendemain matin, je répandis un torrent de larmes en rentrant, après ce jour de congé, dans le lieu que je regardais comme une prison, et où je com-

1. C'est à Camperdown que lord Duncan avait battu la flotte hollandaise, le 11 octobre 1797. (*Note du traducteur.*)

parais la réception du maître de la classe avec celle de l'amiral.

A quelque temps de là, un autre jour de congé, je rencontrai le professeur Playfair, de l'université d'Édimbourg, dans une maison de campagne. Ce philosophe, aimable et savant, avait le bonheur rare d'être également chéri de la jeunesse et des vieillards. Il gagnait l'affection des enfants non-seulement par l'incomparable douceur de son caractère, mais encore par les encouragements généreux qu'il donnait à leurs dispositions naissantes, tandis que, parmi les érudits et les hommes de lettres, il ne se faisait pas moins admirer par l'étendue et la variété de ses connaissances que par la facilité, la clarté et l'éloquence de son expression, quand il parlait des sciences les plus abstraites.

Je le trouvai, un matin, assis par terre, prenant la hauteur du soleil avec un quart de cercle ou sextant de poche, au moyen d'un horizon artificiel, qu'il avait composé en répandant un peu de thériaque dans un vase. Lui ayant témoigné la plus vive curiosité de savoir quelle opération magique l'occupait, il m'expliqua tout de suite ou plutôt essaya de m'expliquer l'objet de ses recherches. Au lieu de couper court à mes questions en me répondant que la chose était au-dessus de ma portée, il s'interrompit, et chercha à me faire comprendre jusqu'à quel point ces observations se rattachaient aux besoins de la vie navale. Le lendemain, il me donna un exemplaire de l'*Astronomie* de Bonnycastle, que je possède encore, et je crois pouvoir faire dater de cette conversation mon goût pour l'astronomie nautique, étude qui a été pour moi une source continuelle de vives jouissances, et qui (on le verra par la suite) me fut, de plus, d'un grand secours dans ma profession. Mais il est temps de sortir du collége, et de raconter ma première campagne....

Je serais fâché si ce que je viens de dire engageait quelque écolier paresseux à choisir comme remède une profession aussi dure que celle de marin. Il serait bon qu'il eût pour la préférer à une autre quelques motifs plus sérieux. Quant à moi, je ne doute pas que notre système de discipline collégiale n'ait subi d'utiles améliorations; et j'avoue en outre qu'à l'époque même de mes études, si je n'étais pas content, la faute en était plus à l'écolier qu'à l'école; mais j'ajouterai que j'avais la tête si remplie de voyages, que, même si j'avais eu l'honneur d'être élevé à Éton avec toute la jeune noblesse d'Angleterre, j'aurais encore soupiré après le jour de ma sortie définitive.

Il est clair qu'aucun enfant, quelque instruit qu'on le suppose, ne saurait se former une idée correcte de la profession qu'il veut embrasser. Or, il n'est aucun métier où le désappointement soit aussi grand que celui du marin, parce qu'il n'en est aucun dont l'imagination se fasse un tableau plus poétique avant de le connaître par expérience; ai-je besoin de dire quel contraste il y a entre le bien-être ou les *comforts* du chez soi et les *discomforts* du navire? sans parler de la mauvaise chère, des pénibles travaux, du mal de mer et de la discipline.

Dans la plupart des autres carrières, on peut calculer d'avance avec plus ou moins de précision les inconvénients et les peines que rencontrera un jeune homme; mais qui dira ce qui attend le marin dans sa vie aventureuse? il faudrait parcourir en imagination le globe entier pour en rappeler une partie : il peut se perdre sur un vaisseau à trois ponts, ou être entassé dans un canot comme un hareng; il peut être rôti à la Jamaïque, ou gelé au Spitzberg; il peut être en croisière ou prendre part à une action six jours de suite au milieu d'une flotte, et rester isolé tout le septième; il peut aller consumer au loin ses plus belles années dans d'ennuyeux loisirs, ou être employé sur les côtes du pays natal; il peut recevoir des nouvelles de ses amis tous les jours, ou, comme il m'est arrivé une fois, rester quinze mois sans lire une lettre ou une gazette. Il peut avoir un commandant trop facile, ce qui est un grand mal, ou tomber sous un de ces capitaines toujours de mauvaise humeur qui, pour parler l'argot des *midshipmen*, retiennent chacun à bord « avec la crainte du Seigneur et du manche à balai. » Bref, il peut naviguer vingt ans sans trouver deux jours et deux visages semblables. Tout cela, fort agréable pour quelques esprits, ne laisse pas que d'en contrarier beaucoup d'autres : les tempéraments débiles y succombent généralement, et les âmes faibles se troublent de cette complication d'événements et d'une existence si sévère. Mais, d'un autre côté, telle est la variété des objets sur la mer, que, si un jeune homme est seulement assez robuste pour supporter la veille du quart et autres fatigues indispensables, s'il a d'ailleurs un caractère assez fort pour persévérer, dans l'espoir de voir un jour s'offrir à lui l'occasion d'utiliser ses talents naturels ou son zèle, il se félicite enfin de n'avoir pas cédé au premier découragement et de n'avoir pas prématurément battu en retraite.

II.

Mon premier voyage sur mer.

J'ignore ce que d'autres ont éprouvé en ces occasions ; mais je dois confesser qu'en dépit de tout mon enthousiasme, quand vint le jour de quitter tout de bon ma famille et mes amis pour me lancer irrévocablement et seul dans une vie nouvelle, je ressentis une défiance de moi-même et une inquiétude si imprévues, que je ne savais qu'en penser. J'avais choisi moi-même mon état, il est vrai ; je n'avais jamais cessé de soupirer après mon départ du collége : et cependant, le moment arrivé, je regrettai presque d'avoir été pris au mot. Pour la première fois, j'apprenais le sens du mot responsabilité, et j'avais devant les yeux toute la honte qui suit la non-réussite. Moi, dont toutes les pensées au collége me transportaient d'avance dans les régions inconnues pour lesquelles j'allais me mettre en route, je sentis mon cœur défaillir en entendant s'arrêter devant la porte la voiture où je devais entrer. « Que deviendrai-je, me dis-je, si les descriptions sombres de ces mélancoliques auteurs appelés poëtes sont de véritables tableaux de la vie, si notre existence d'ici-bas n'est qu'une succession de malheurs, si la carrière du marin ne vaut pas mieux que la prison du collége? Quelle figure ferai-je lorsque, de détresse en détresse, je me verrai réduit à supplier mon père de me rappeler sous le toit paternel pour y manger le pain de la paresse, ou pour chercher dans une autre profession des ennuis non moins grands que ceux de la mer et de la classe? »

J'eus bien soin toutefois de ne laisser rien paraître de ces doutes alarmants; mais ce fut le cœur gros que je pris congé de ces lieux chéris où j'avais passé de si heureuses vacances, et qui me semblaient les plus beaux sites du monde; opinion dont mes longs voyages, je l'ai déjà dit, ne m'ont pas fait revenir. Naturellement, j'eus une dernière entrevue avec mes amis les pêcheurs, que j'avais longtemps crus les hommes les plus instruits de ma connaissance, uniquement parce qu'ils en savaient plus long que moi sur les câbles et sur les termes de marine. Je ne puis dire que ces braves gens aient soutenu la contre-épreuve de mon retour aussi heureusement que la côte pittoresque près de laquelle ils demeuraient. Je me souviens qu'après ma première campagne, je descendis sur la grève en uniforme et non sans un petit mouvement de vanité pour montrer ma supériorité navale à ces pauvres amis, qui, pendant cet intervalle, étaient restés en quelque sorte fixés à leurs rochers, comme leurs coquillages. Leur accueil fut très-flatteur pour moi ; mais leur connaissance bornée des détails de leur profession me fit souvenir avec étonnement du temps où je les avais admirés comme des maîtres dans la science nautique.

Le 16 mai 1802, je partis pour Édimbourg, et mon père me dit le lendemain : « Vous êtes maintenant à flot dans le monde ; il faut tenir un journal : voici un cahier de papier blanc et une plume pour commencer. » Je vais transcrire un spécimen de ce début, que je ne croyais guère destiné à l'honneur de l'impression.

« 17 mai : — Départ pour Londres. — Déjeuner à Dunglas et changement de chevaux. — Belford : changé de chevaux. — Dîner à Alnwick. — Coucher à Morpeth. — Levé de bonne heure. — Halte à Durham. — Pris les devants sur la chaise de poste. — Observé des chariots à charbon près de Newcastle. — Les roues sont construites de manière à descendre la hauteur sur des *choses* où elles s'engrènent. Le cheval suit le chariot pour le remonter quand il sera déchargé, etc. » — Le reste n'est guère moins insignifiant. Je donnerais beaucoup pour avoir enregistré, au lieu de ces dates et de ces notes, l'histoire naïve de mes impressions d'alors.

Nous nous rendions à Londres, ce grand foyer d'où partent tous les rayons du monde anglais; je devais m'embarquer sous le pavillon de sir André Mitchell, alors à l'ancre dans la Tamise, et à la veille d'aller croiser à la station d'Halifax. Mais je ne trouve rien dans mon journal qui mérite d'être extrait, et je ne me souviens d'aucun incident qui m'émût alors vivement, si ce n'est l'opération de revêtir pour la première fois l'uniforme d'aspirant de marine. Je ne vis pas sans un vif plaisir briller la lame de mon poignard, et je m'admirai dans mon frac; mais je voyais surtout dans ce changement de costume la preuve que c'était bien sérieusement que j'allais entrer dans une carrière nouvelle. Ce fut donc avec une heureuse disposition à la gaieté que je fis ma première apparition sur le pont d'un des vaisseaux de Sa Majesté le roi de la Grande-Bretagne.

Voici mon maigre journal de ce jour-là : — « Allé à Deptford, en fiacre, après déjeuner. — Rencontré dans la rue le capitaine du *Léandre*. — Allé avec lui au bureau des registres du vaisseau. — Inscrit mon nom dans je ne sais quel livre. — Allé chez le capitaine, qui me donna une liste de certaines choses dont j'avais besoin. — Pris un bateau, et monté à bord du *Léandre* pour la première fois. — Retourné à Londres, et allé au théâtre d'Adelphi, etc. »

Dans la plupart des autres professions, la transition d'un genre de vie à l'autre est plus ou moins graduelle; mais, dans celle de la marine, elle est si brusque et si peu préparée, qu'il faut qu'un enfant soit bien philosophe ou bien stupide pour ne pas se sentir d'abord très-près d'être accablé du changement. Aux douceurs et aux caresses de la maison paternelle succèdent tout à coup pour lui le régime grossier du vaisseau et la parole rude d'étrangers. La sollicitude dont il s'est vu entouré jusque-là, quelque sévère qu'on suppose la discipline domestique, est la tendresse même, comparée à la complète indifférence avec laquelle on reçoit à bord un novice ou un « petit pleureur, » comme on le nomme. Si même il a quelques connaissances parmi ceux de son âge et de son rang, il en retire peu de consolations, et, en général, ces amis sont plus disposés à rire de la mélancolie d'un nouveau venu qu'à l'encourager quand son pauvre petit cœur est sur le point de se briser.

Il arriva que je ne connaissais personne à bord, excepté deux aspirants qui se trouvaient dans les mêmes circonstances que moi. Je fus aussi présenté à un vieux grognard de contre-maître, aux soins de qui, bien contre son gré, j'avais été recommandé par un ami commun, un capitaine sous lequel il avait autrefois servi. Quant à notre excellent officier commandant, il avait bien autre chose faire que de s'occuper des chagrins d'une douzaine d'enfants confiés à sa charge.

Je fus donc étourdi et abattu par le sentiment de mon isolement, après que mon père m'eut serré la main en quittant le vaisseau. Je me souviens du désespoir avec lequel je regardai autour moi, quand je compris toute mon insignifiance : « Et serai-je jamais capable, me dis-je, de remplir aucun rôle sur ce vaste théâtre? Comment faire? Par où commencer? Qui consulter? » Il y a sans doute un vif plaisir dans la nouveauté; mais on peut en avoir trop à la fois, et certes, si on me demandait mon avis, je recommanderais qu'on n'introduisît que graduellement un novice dans sa demeure future, et qu'on le plaçât, si c'était possible, sous les auspices d'une personne plus âgée que lui, qui, lui portant intérêt, pût adoucir les inutiles rigueurs de ce redoutable changement. Je manquais de cette préparation, et je n'avais ni ami ni personne à bord qui se souciât de moi le moins du monde. J'étais aussi très-petit pour mon âge; j'avais un accent écossais très-marqué, et j'étais d'ailleurs un peu têtu de ma nature. La chambre de discipline est sans doute un excellent endroit pour dompter un aspirant de ce caractère; mais j'ai vu maintes jeunes plantes plus délicates que moi écrasées par la sévérité de cette impitoyable discipline. Peut-être est-ce pour le mieux, parce que les jeunes gens qui ne peuvent ou ne veulent pas supporter ce traitement rude font tout aussi bien, pour eux et pour les autres, de chercher un autre état.

Il est une pratique dont je me suis toujours bien trouvé, que je recommande par conséquent : c'est de ne pas présenter le mauvais côté des choses quand on écrit à sa famille ; on s'habitue plus vite à être heureux en disant l'être, et il y a moyen de ne pas inquiéter les siens sans trahir la vérité. Ainsi je me rappelle, comme s'ils étaient d'hier, les événements contenus dans la lettre suivante, écrite le lendemain du jour où je fus abandonné à ma destinée, parmi des étrangers, dans le monde nouveau d'un vaisseau de guerre. J'étais loin d'être heureux, et j'aurais pu facilement attrister mes parents en appuyant sur ce qui m'était le plus désagréable. J'agis différemment.

« A bord du *Léandre*, 12 juin 1802.

« MON CHER PÈRE,

« Après vous avoir quitté, je suis descendu dans la salle des gamelles; c'est une pièce de vingt pieds de long environ, avec une table au milieu et des siéges de bois tout autour. Il y avait beaucoup de tasses et de saucières sur la table. Un homme entra, et versa de l'eau chaude dans la théière. Nous sommes quatorze assis en même temps. On rit beaucoup dans ce trou noir, où nous n'avions que deux chandelles. On descend ici quand on veut, et puis on remonte sur le pont.

« Vers les dix heures du soir, on nous servit à souper du pain, du fromage et une espèce de pouding que nous trouvâmes excellent. Quelque temps après j'allai me coucher dans un hamac qui n'était pas le mien, le mien ne devant être prêt qu'aujourd'hui. Je me trouvai assez drôlement couché et bercé là, n'ayant qu'un pied d'intervalle entre mon visage et le plafond. Aussi me suis-je cogné plus d'une fois la tête contre les poteaux de ce *dortoir*, où dorment les aspirants, et où je dormis fort peu, je vous assure, au milieu du bruit que faisaient tous ceux qui allaient et venaient dans les ténèbres; puis, à peine avais-je fermé l'œil, qu'arrivait un des maîtres pour appeler ceux qui étaient de quart pendant la nuit; et il faut, à ce qu'il paraît, s'habituer à ne s'éveiller que pour son tour de garde. J'aurais enfin dormi le matin; mais mon sommeil a encore été interrompu par le travail des matelots.

« Il y a une grande ouverture qui descend des ponts jusqu'au fond de la cale, où on laisse tomber les tonneaux. Le pied de mon hamac était juste à côté de cette ouverture, de sorte que je voyais sans cesse les tonneaux monter et descendre près de moi. Je me levai à sept heures et demie, et entrai dans le *birth* (notre chambre de gamelle) : nous y attendîmes le déjeuner jusqu'à huit, lorsque l'homme qui sert à table survint, rouge de colère, en disant qu'au moment où il faisait chauffer la bouilloire sur l'étuve, le capitaine d'armes était venu jeter de l'eau sur le feu pour l'éteindre, parce qu'on chargeait de la poudre à bord. Ainsi il fallut nous passer de déjeuner. Nous avions cependant encore du pain et du beurre, que nous commencions à manger, lorsque le capitaine d'armes descendit lui-même pour nous enlever nos chandelles. Il nous fallut donc achever notre pain sec dans l'obscurité.

« Je montai ensuite sur le pont, et m'y promenai en regardant appareiller les bâtiments de la compagnie des Indes. A onze heures, un de mes camarades et moi nous allâmes demander au lieutenant s'il voulait nous permettre de descendre à terre dans le petit canot, ce qui nous fut accordé, et nous nous y embarquâmes avec quelques autres aspirants. Nous entrâmes dans une auberge où nous nous dédommageâmes avec du café, du beurre et des petits pains, de notre déjeuner du matin ; puis nous allâmes voir l'église d'Artford ; et, ayant rejoint le canot à travers champs, nous revînmes à bord, etc. »

Les gens du métier remarqueront dans cette lettre un curieux mélange de mots profanes et de mots techniques, mais le tout passable toutefois pour vingt-quatre heures d'expérience, si on ne veut pas surtout être trop sévère sur le mot *ouverture*, employé au lieu d'*écoutille*.

Dans une autre lettre, écrite quelques jours après, je faisais grimper les matelots aux mâts comme des chats. Dans une troisième, je mentionnais avec deux points d'admiration que nous avions fait voile, et que je m'étais trouvé en pleine mer pour la première fois!! Je me louais de mes camarades et du maître d'école, homme très-aimable, qui avait beaucoup voyagé, mais qui ne commencerait ses leçons que lorsque nous aurions fait *déraper* notre ancre pour Halifax.

L'épître suivante, écrite de Spithead, est assez caractéristique.

« A bord du vaisseau de Sa Majesté *le Léandre*, Spithead, 18 juin.

« Je suis plus content de ma position que je ne l'espérais lors de ma première entrée à bord. Nous avons dans notre gamelle quatre Écossais, six Anglais et deux Irlandais, de manière que nous formons une très-agréable compagnie à table. Nous déjeunons à huit heures du matin et dînons à midi. A déjeuner on nous sert du thé et du biscuit de mer; à dîner nous avons du bœuf, du porc ou du pouding. Quand nous mouillons près d'un port, il y a toujours des bateaux qui viennent avec toutes sortes de végétaux et de la viande fraîche, que nous leur avons bientôt achetés, ainsi que du pain mollet.

« Le 17, à neuf heures, nous avons jeté l'ancre dans les Dunes, — les fameuses Dunes ; — mais, au lieu de trouver une grande flotte qui pût faire tonner pour nous le salut de ses canons, il n'y avait qu'un bâtiment danois et un suédois. Toutes les hauteurs de la côte sont de craie. J'aurais voulu descendre à terre à Douvres, pour y prendre un fragment de rocher, mais nous n'avons fait que passer devant ce port.

« Nous avons vu la côte de France, mais de trop loin pour rien voir de ce qui se passait sur le territoire français.

« Nous autres aspirants, nous sommes de quart toutes les nuits pendant quatre heures ; nous ne faisons que nous promener sur le gaillard d'arrière, si le vaisseau ne marche pas. Quand le vaisseau est à la voile, il y a toujours la moitié de l'équipage sur le pont. Les lieutenants, et nous avec eux, nous ordonnons la manœuvre des cordages et des voiles. Tous les hamacs sont apportés sur le pont et mis à des places réservées sur le bord, pour laisser plus d'espace à ceux qui travaillent sous le pont, et en même temps pour les aérer. Tous les ponts sont lavés et frottés chaque matin. Il y a une espèce de cylindre de grosse toile, de deux pieds de diamètre environ, qui est suspendu au-dessus du pont, et se continue au travers jusqu'à la cale. Le vent y entre par l'ouverture supérieure, et court jusqu'aux divers postes intérieurs, ce qui forme un ventilateur fort agréable.

« Ce matin vers les huit heures nous sommes arrivés à Spithead, et avons vu le célèbre Portsmouth; mais ce n'est pas aujourd'hui mon tour d'aller le premier à terre. En venant, nous avons admiré l'île de Wight. C'était un charmant coup d'œil : le soleil se couchait sous les flots à l'horizon opposé, ce qui était d'un bel effet sur les sites boisés de l'île. Il y a quelques navires à Spithead, grands et petits Dans ma prochaine lettre, si je vais à Portsmouth, je vous parlerai du port et des bassins, etc. Nous restons, je crois, dix jours ici. »

Ces extraits, quoique très-puérils comme de raison, montrent ce que peuvent inspirer les lieux communs d'un voyage, quand tout est neuf pour celui qui écrit et pour celui qui lit.

Voici une autre lettre que je vais transcrire, parce qu'elle reproduit, comme les précédentes, les sensations d'un jeune homme qui se trouve pour la première fois en contact avec le monde, et qu'elle montre aussi avec quelle facilité on s'exprime quand on est bien plein de son sujet. En la relisant après un intervalle de près de trente ans, je ne puis m'empêcher de remarquer combien le même individu diffère peut-être de lui-même, et en même temps combien il est semblable à lui-même à diverses époques de sa vie. Les mêmes circonstances données, je ne vois pas pourquoi je n'agirais pas aujourd'hui comme alors.

« Portsmouth, 19 juin.

« Nous avons bien manqué de périr et de sauter la nuit dernière par suite d'un incendie à bord. Il était dix heures du soir. J'arrangeais mon hamac à côté de deux aspirants qui arrangeaient aussi les leurs, lorsque nous fûmes alarmés de voir une grosse gerbe d'étincelles jaillir d'un coin du poste. Au lieu d'aller regarder ce que ce pouvait être, je courus à notre chambre de gamelle, et m'emparant de tous les pots de bière que les aspirants se disposaient à boire, je revins les jeter sur le feu, pendant que d'autres couraient chercher de l'eau.

« En revenant, je vis le commis aux vivres couvert de flammes et s'efforçant de les étouffer avec un tas de couvertures et de draps qui brûlaient à ses pieds. Un de nous courut au gaillard d'arrière, y prit les premiers seaux à incendie qu'il put trouver, les remplit et les apporta. Nous fîmes sortir aussi quelques matelots de leurs hamacs, mais en ayant soin de ne pas éveiller les autres, de peur de tumulte et de confusion.

« La sentinelle, aussitôt qu'elle eut senti l'odeur du feu, alla avertir le capitaine et le lieutenant, qui vinrent aussitôt et nous recommandèrent à voix basse le silence. On se munit en même temps d'un plus grand nombre de seaux, et on éteignit l'incendie, qu'on pensait n'être que dans la cabine du commis; mais un matelot, ayant ouvert la porte de la cambuse, y vit aussi le feu : l'eau y fut appliquée avec le même succès.

« Le capitaine fit mettre immédiatement aux fers le commis aux vivres, aussi bien que son domestique, et alla ensuite avec le capitaine d'armes dans le magasin à poudre, qui est contigu à la cabine du commis; il y trouva la paroi de séparation à demi brûlée par le feu.

« Tout ce malheur était occasionné par une chandelle attachée à la solive supérieure de la cabine, d'où elle était tombée, et avait mis le feu aux draps du hamac; le commis, en voulant l'étouffer avec d'autres draps, avait enflammé tout le paquet, qu'il jeta alors en bloc dans le magasin.

« On a placé une garde toute la nuit près de cet endroit. Personne n'a été blessé. Je suis bien chagrin pour le pauvre commis aux vivres, homme très-obligeant et très-bon, que nous aimions tous; il nous donnait des dragées et autres friandises. Je crains qu'il ne soit cassé, etc. »

Cet incident servit à me faire remarquer; car le lendemain, à ma grande satisfaction, je reçus du premier lieutenant l'ordre d'aller dans le canot porter je ne sais quel message à un vaisseau qu'il me désigna au mouillage près de nous, à Spithead.

J'hésitais. « Eh bien! pourquoi ne partez-vous pas? » me demanda-t-il; et je répondis que je ne savais pas quel était le vaisseau en question. « Oh! me dit le premier lieutenant en regardant pardessus la galerie du bord, c'est celui qui a ses mâts de perroquet calés. »

Or, je n'avais pas la moindre idée de ce que signifiaient ces termes de *mâts de perroquets calés;* mais, comme l'officier semblait s'impatienter, je me hâtai de sauter dans le canot. Je tenais le gouvernail, mais je savais si peu m'en servir que nous voguâmes au loin, en décrivant un zig-zag dans notre course. Le strokesman du canot (le rameur placé en arrière) croisa enfin ses rames, porta la main à son chapeau, et me dit : « A quel vaisseau allons-nous, monsieur? »

Je répondis, en répétant les termes du premier lieutenant : « A celui qui a ses mâts de perroquets calés.

— Oh! alors, monsieur, s'écria le strokesman en souriant, nous l'avons déjà passé depuis quelque temps; le voilà. »

Et il me le montra du doigt en poupe.

Nous virâmes de bord, et j'avais bien envie de dire au strokesman de diriger le canot; car, quoique mes vieux amis les pêcheurs de la côte d'Écosse m'eussent donné quelques leçons, je trouvai que ce n'était pas la même chose d'accoster un vaisseau de guerre à Spithead par la marée montante, ou de conduire un bateau pêcheur sur la plage. Je fis courir le canot poupe en avant, et, en voulant réparer cette bévue, je donnai des ordres qui eurent pour résultat une manœuvre aussi sotte, pour un marin, que le serait, pour un cavalier, de mettre le pied droit le premier à l'étrier en voulant monter à cheval; ce qui l'asseoirait sur sa selle le visage du côté de la queue.

Cependant, je parvins à grimper sur le vaisseau où l'on m'avait envoyé; je remis mon message, et rapportai la réponse. Le premier lieutenant, pour toute salutation, me dit d'un ton aigre et courroucé :

« Où diable êtes-vous allé, jeune homme, pendant tout ce temps-là? Pourquoi avez-vous cru devoir traverser la flotte?

— J'espère, monsieur, répondis-je en bégayant, faire mieux une autre fois.

— Vous avez le temps d'apprendre, en effet, » répliqua le lieutenant.

Je sentis avec amertume, par ce reproche, que

je ne pouvais me targuer d'avoir donné une grande preuve de sagacité nautique par ma conduite récente, lors de l'incendie du magasin. J'étais assez fier de n'avoir pas crié au feu, et d'avoir songé si heureusement aux pots de bière.... Mais ce brillant exploit semblait déjà tout à fait oublié!

Les officiers et les autres personnes en autorité devraient faire attention à la manière dont ils parlent aux jeunes gens. Quoique les blessures faites avec la parole ne laissent pas de traces sur la peau, comme celles du plomb et de l'acier, elles pénètrent souvent plus profondément dans le cœur, et y saignent plus longtemps qu'on ne voudrait.

Je fus excessivement mortifié; mais la leçon de l'officier était trop juste, et le rire des marins du canot trop bien fondé, pour que je ne comprisse pas bientôt que je n'avais rien de mieux à faire que d'apprendre l'art de tenir le gouvernail, et de ne plus perdre de temps à deviner ce que pouvait signifier un *mât de perroquet calé*.

III.

Discipline du poste des midshipmen[1].

Je passe sur mainte autre anecdote de Portsmouth, pour gagner enfin la pleine mer; car je ne me sentis complétement délivré de l'esclavage de l'école, et tout à fait lancé dans le vaste champ d'une vie indépendante, qu'après avoir laissé les blanches falaises de la vieille Angleterre à plusieurs lieues derrière nous. La courte lettre qui suit fut écrite au moment où nous prenions le large, et je puis encore me rappeler les sentiments que j'éprouvais en la traçant; c'était un mélange de joie et de crainte vague de l'avenir.

« Spithead, à bord du *Léandre*, 11 juillet 1802.

« Hier le capitaine a reçu son ordre de départ,

1. *Cock-pit*, poste des aspirants. On appelle aussi *cock-pit*, à bord des vaisseaux anglais, le poste des malades et des blessés. C'est l'emplacement voisin de l'écoutille, au-dessous du premier pont. Il y a en avant un *fore-cock-pit* où, en temps de guerre, sont logés le *boatswain* et le charpentier, au lieu de l'être sous le gaillard d'avant, comme dans d'autres temps. (*Dictionnaire de Romme.*)

et nous avons hissé le pavillon de partance. Nous allons désaffourcher le vaisseau [1], et nous ferons voile immédiatement pour Halifax : adieu donc à l'Angleterre! »

Nous partîmes, et peut-être sera-t-il intéressant et utile, pour des jeunes gens dans la même situation, de savoir que toutes mes idées de joie s'évanouirent plus vite que toutes celles qui ne m'apportaient que de sombres images. Depuis le jour où je fus lancé pour la première fois sur les flots, je me suis rarement embarqué sans éprouver mille appréhensions qui me faisaient presque désirer un obstacle à l'expédition. C'est d'autant plus étrange, que presque toujours la réalité fut plus agréable que je ne m'y étais attendu, les obstacles plus faciles à surmonter, et la somme d'agrément et d'instruction plus grande que je n'avais compté le trouver dans la routine du métier, d'après mes lectures ou mes conversations.

Je l'avoue, j'ai eu souvent fort à faire pour soutenir mon courage à cette hauteur; mais, quoique je ne me sois jamais tout à fait abandonné, ma résolution est tombée parfois si bas, qu'en me reportant à cette époque, je craindrais de retrouver des moments où, si l'occasion s'était présentée,

1. *Unmoor*, désaffourcher le vaisseau et le laisser sur une seule ancre. (*Dictionnaire de Romme.*)

j'aurais, comme on dit en terme du métier, coupé mes câbles et laissé mes ancres. Heureusement pour moi, je n'ai jamais eu de milieu à choisir entre la pauvreté et le travail, et l'on m'avait appris à regarder le pain de l'oisiveté comme le pain le plus dégradant qu'un homme d'honneur puisse manger. Alors, il est vrai, je n'étais pas aussi pleinement convaincu qu'aujourd'hui que plusieurs des avantages essentiels de la loi anglaise sur le droit d'aînesse sont du côté des cadets; et cependant j'ai toujours cru de mon devoir et de mon intérêt de faire ressortir dans la pratique la vérité de ce paradoxe apparent.

Le premier échec à cette magnanime résolution de me rendre utile dans le monde fut un discours de notre excellent capitaine, qui réunit tous les aspirants dans sa chambre, peu de jours après que nous eûmes perdu la terre de vue, et qui nous parla de la sorte :

« Je vous ai fait appeler tous, jeunes gens, pour vous dire que vous n'êtes pas de la moindre utilité à bord; franchement, vous êtes plutôt un embarras. Mais, puisque vous êtes ici, je ne m'oppose pas à ce que vous appreniez votre métier, si vous en avez le désir. Vous aurez donc le choix de faire ou de ne pas faire le quart; vous serez parfaitement libres : seulement, souvenez-vous bien que, si l'un de vous se décide à ce service, il faudra le faire tout de bon. Ainsi, consultez-vous, et rendez-moi réponse demain. Maintenant, jeunes gens, allez-vous-en. »

Sur une douzaine que nous étions, il n'y eut, je crois, que moi et un autre qui prîmes le parti de faire le quart. La plupart des autres avaient déjà l'expérience d'un ou deux voyages, et ils savaient qu'il n'est pas fort amusant de se promener en long et en large sur le pont, pendant quatre heures de la nuit, en sus des occupations de la journée. Ils rirent donc sous cape de se voir débarrassés si aisément. Pour moi, je fus si mortifié de cette assurance officielle et dédaigneuse de mon inutilité, que je n'hésitai pas un instant, et que je saisis avidement tout ce qui me donnait l'espoir de démentir une assertion si outrageante : à vrai dire, je connaissais peu ou point le service qu'on exigerait de moi ; mais je concevais assez bien que, du moment où l'homme entre dans une voie, quelque étroite qu'elle soit, il peut s'y tenir plus ou moins bien, et qu'on distinguera bientôt celui qui, dès l'abord, se met sans réserve à la tâche et persévère dans son devoir.

Pour un jeune homme qui a de la santé et du courage, le quart est plus agréable qu'ennuyeux. Je parle d'après une expérience personnelle de près de douze ans, quand je dis qu'en somme les agréments en dépassent les ennuis. Il n'est point d'opiat qui donne si bonne envie de dormir que quatre grandes heures de garde la nuit; quiconque en a fait l'épreuve se rappellera, j'en suis sûr, ce contentement sans mélange avec lequel il est rentré au poste après avoir fait son temps, et quitté ses vêtements humides; encore moins oubliera-t-il avec quel bonheur il a retrouvé son hamac et s'est roulé dans ses draps. Le passé et le présent, tout alors lui est égal : que le vent gronde, que le vaisseau coure des dangers, que les travaux de la nuit commencent, que lui importe? son quart est fini. « Je vais me coucher, » dit-il; et certes un jeune aspirant, après un quart fatigant, est une personnification aussi parfaite du mousse de Shakspeare que l'imagination peut le désirer : quoiqu'il ne soit pas, à la lettre, perché au haut d'un mât « qui donne des vertiges, » il est presque aussi rudement bercé; couché dans un hamac, hissé près des bancs du plancher des câbles, n'ayant qu'un pied et demi au-dessus de lui et un demi-pied au-dessous, il est heurté à chaque roulis contre les épontilles, ou jeté par le mouvement du navire contre le pont qui est au-dessus de sa tête. Malgré tout cela, malgré les bruyants craquements des canons de la batterie basse, malgré les mille bruits qui grondent au-dessus et au-dessous de sa tête, il dort, et il dort profondément, ou, comme disent les Espagnols : *rienda suelta* (à bride abattue).

Outre la certitude d'y gagner un bon sommeil, il est un autre avantage dans le quart. Le quart marque non-seulement l'heure du service, mais encore la longueur de ce service, et avec tant de précision que tout le reste de la journée est libre et nous appartient. Pour un homme qui veut profiter de ses moments, un tel résultat est d'une grande importance, et il n'est pas non plus indifférent pour l'esprit d'avoir tous les jours une occupation à heure fixe. Cette obligation de travailler périodiquement paraît agir comme une meule sur laquelle s'aiguisent notre intelligence et notre industrie. Certains raisonneurs raffinent sur cette idée : à les en croire, un homme de talent et d'imagination tirera souvent meilleur parti de ses dons naturels, s'il est forcé de consacrer une portion considérable de son temps à des occupations ennuyeuses et même pénibles, que s'il avait la libre disposition de ses vingt-quatre heures. On dit que l'écrivain le plus populaire et le plus ingénieux de notre siècle[1] croit devoir quelques-unes de ses plus heureuses productions à la nécessité de s'atteler pendant plusieurs heures de la journée à l'ennuyeuse routine

1. Walter Scott, qui était greffier de la cour criminelle d'Édimbourg. (*Note du traducteur.*)

d'une cour judiciaire. Car, lorsque dans les vacances il se réfugie à la campagne, les ressorts de son esprit sont bien plus élastiques que s'il n'avait pas été enchaîné pendant plusieurs mois.

Quoi qu'il en soit, je prenais, moi, grand plaisir au quart, et j'étais même parfois content d'être trempé jusqu'aux os, preuve que mes fonctions n'étaient pas une plaisanterie. Toute ma crainte en ce temps-là était d'être regardé comme inutile.

Autres avantages du quart : Rien ne fait mieux prendre des habitudes de ponctualité; rien ne contribue davantage à jeter l'esprit et le corps dans ces dispositions de pensée et d'action qui donnent un but fixe aux projets, en nous montrant tout ce qu'on peut faire avec un travail régulier. C'est aussi une excellente chose que d'être chargé de bonne heure de quelque fonction, et, bien que la tâche d'un aspirant de quart soit, après tout, peu importante, il n'en apprend pas moins la valeur du mot responsabilité, et il en vient ainsi par degrés à solliciter plutôt qu'à fuir l'exercice de devoirs plus relevés, convaincu que, dans sa profession, le premier point est d'obéir aux règles du service, sans s'inquiéter des conséquences. Il comprend enfin qu'il n'a que peu de droits aux éloges pour une conduite aussi simple, et que la louange doit être réservée pour ces grandes crises où un officier entreprenant et plein de ressources adopte, au milieu des difficultés, le plan qui finit par amener quelque grave et glorieux résultat.

Quoique la louange soit rarement une monnaie qui ait cours dans la discipline du bord, je ne sais rien qui stimule plus les efforts ou qui raffermisse plus les bonnes résolutions d'un jeune officier que le témoignage, si léger qu'il soit, d'une approbation opportune. Il en est de la louange comme de la charité, que chacun peut faire, quelque faible que soit son aumône. L'équipage d'un bâtiment est si isolé du reste du monde, les hommes qui le composent sont si constamment rapprochés l'un de l'autre, qu'ils peuvent influer sur leur bonheur mutuel plus efficacement qu'il ne serait possible en terre ferme. Aussi n'y a-t-il dans un vaisseau ni officier, ni matelot, ni mousse qui ne puisse, dans l'exercice de ses fonctions, et sans s'écarter de la stricte vérité, être agréable à ses inférieurs ou à ses égaux, et entrer ainsi dans les vrais intérêts du service, en donnant pour mobile à toutes ses actions le désir de bien faire. C'est, après tout, le grand secret de la discipline.

Sur des vaisseaux de ligne, surtout s'ils sont destinés, comme l'était *le Léandre*, à porter pavillon d'amiral, il y a toujours à bord beaucoup plus d'aspirants[1] qu'il n'en faut pour le service. Ces jeunes

1. Le mot anglais *midshipman* correspond à celui d'*aspirant* ou d'*élève* dans notre vocabulaire maritime; voici la définition qu'on en

gens sont divisés en trois quarts, et les aspirants de chaque classe occupent différents postes sur le pont. Le second du quart, qui tient parmi eux le rang le plus élevé, se promène avec deux ou trois autres sur le gaillard d'arrière, mais toujours du côté sous le vent. Un autre aspirant, ordinairement le deuxième en ancienneté, est posté sur le gaillard d'avant, tandis qu'un troisième, placé à l'arrière, occupe la dunette. En outre, il y a quelquefois un aspirant des signaux, chargé de surveiller les communications faites par les divers bâtiments qui marchent de conserve, ou de leur donner des ordres, au moyen de pavillons hissés en général sur la dunette.

Après quelque temps d'épreuve, je fus nommé aspirant de la dunette; et, dans l'espoir d'être promu à mon tour à la dignité d'aspirant du gaillard d'avant, je me montrai extrêmement zélé, peut-être trop, comme on va voir.

trouve dans le dictionnaire de Romme : « Les *midshipmen* sont admis à bord non par le gouvernement, mais par les capitaines qui commandent les vaisseaux de guerre. Ils portent les ordres des officiers supérieurs, et ils sont employés à tout ce que le service exige, soit à bord soit à terre. Le nombre des midshipmen embarqués sur un vaisseau est proportionné au rang de celui-ci : il y en a vingt-quatre sur un vaisseau du premier rang, et sur d'autres au nombre de seize, de dix, de six ou de quatre ; pendant la durée de leur service, qui doit les conduire au grade de lieutenant après quatre ans de navigation, ils en font quelquefois les fonctions et ont le commandement des brûlots. »

(*Note du traducteur.*)

Il était expressément défendu et avec beaucoup de raison de mettre au sec aucun vêtement, si ce n'est sur les cargue-points ou les cagnards, et encore fallait-il la permission de l'officier chargé de cette partie du bâtiment. Tout le monde sait qu'il n'y a rien de plus disgracieux à voir que des hardes pendues au-dessous du plat-bord, entre les gaillards et surtout entre les supports de la dunette. Mais tous les aspirants de la dunette qui ont essayé de chasser de ces cordages les chemises et autres effets, savent qu'il n'est pas aisé de se faire obéir. Dans tous les vaisseaux bien réglés, les ordres sont exécutés pour les petites comme pour les grandes choses, afin qu'il y ait uniformité dans le service. Ces bagatelles sont pour ainsi dire la décoration de la discipline; elles prouvent en général, lorsqu'on y veille, que les autres points plus sérieux ne sont pas négligés. Notre premier lieutenant était fort rigoureux sur ce chapitre, et, si son regard perçant découvrait une chemise ou des pantalons qui eussent échappé à la vigilance de l'aspirant de la dunette, le jeune homme était sûr de recevoir une mercuriale sévère, ou, dans l'argot du poste, *de la gober*.

Dès mon enfance, et surtout depuis que j'étais à bord, j'avais une peur horrible des reproches, ou des *perruques*, comme nous les appelions. Je mettais à les éviter une ardeur prodigieuse. Dès que j'eus le commandement de la dunette, je déclarai une guerre d'extermination aux chemises mouillées des matelots et aux pantalons blanchis des soldats de marine. Mais l'expérience prouve qu'il n'y a point de proportion entre la difficulté de faire exécuter un ordre de peu de conséquence et celle de se faire obéir pour un ordre plus sérieux. On est, en général, porté à oublier que l'obéissance est nécessaire et pour l'un et pour l'autre. Toujours est-il que, de mon temps, les malheureux aspirants de la dunette suaient sang et eau pour cette misère, à laquelle l'équipage n'était nullement tenté de se soumettre sans des punitions plus sévères que n'en voulait généralement infliger le premier lieutenant. « C'est votre faute, jeunes gens, nous dit-il un jour, si ces linges mouillés salissent la dunette. Si vous teniez ouverts vos yeux endormis, si vous regardiez autour de vous pendant votre quart, au lieu de *ronfler dans le filet de bastingage*, *enveloppés de la queue de pavillon*, les matelots ne s'aviseraient jamais de suspendre leurs vêtements dans un endroit si peu convenable. »

Nous résolûmes de ne plus encourir ses reproches à l'avenir, du moins pour les éternelles chemises. Malgré toute notre vigilance, le jour paraissait rarement sans nous montrer quelque loque insultante agitée par le vent; et souvent nous ne pouvions deviner comment on l'avait mise là. Un soir, ma bile s'échauffa : fatigué d'avoir averti cent fois et toujours en vain, je tirai mon couteau et je coupai les cordes qui attachaient une chemise au palan du petit canot; c'eût été fort bien, si je m'en étais tenu là; mais, dans la fureur de mon zèle, je passai les bornes de mon devoir, et je jetai par-dessus le bord la chemise de contrebande.

Dès que le soleil se montra à l'horizon, le plus systématique des premiers lieutenants fit sa ronde quotidienne. J'épiai son regard quand il se porta vers mon département, et je m'applaudis beaucoup lorsque je vis que, grâce à mon activité, il ne pouvait découvrir le moindre lambeau des loques accrochées.

Mais les ponts étaient à peine faubertés que j'aperçus un coquin de gabier de la hune d'artimon qui se dandinait à l'oreille du premier lieutenant, son chapeau dans une main, et de l'autre aplatissant ses cheveux sur son front : évidemment il portait plainte. L'instant d'après je fus appelé et interrogé sur ma conduite. J'avouai que j'avais jeté la chemise par-dessus le bord; je fus condamné à la payer, et le gabier fut puni pour l'avoir accrochée sur la dunette.

Un homme ordinaire s'en serait tenu là; mais ce sage officier était d'une autre trempe, et j'ai souvent regretté depuis qu'il n'ait pas assez vécu pour recevoir les témoignages de ma gratitude. L'expérience m'a appris que je lui en devais pour cette leçon et pour bien d'autres, qu'alors j'étais incapable d'apprécier à leur juste valeur.

Il avait l'habitude, tous les soirs avant de se coucher, de donner au second du quart l'ordre de la nuit. Comme on peut le croire, son livret, joliment relié, contenait mainte injonction contre le délit en question; mais, ce jour-là, il n'avait écrit que ces mots : « M. Hall est le seul qui s'acquitte de son devoir sur la dunette. » Il était inutile de faire remarquer, même au plus jeune d'entre nous, avec quelle exactitude la justice et la raison se balançaient dans cette circonstance : je n'avais pas le droit de jeter à la mer, au gré de mes caprices, la propriété d'autrui, parce qu'elle n'était pas à sa place, et je fus condamné à en payer le prix. Mais ma faute provenait d'un excès de zèle, et le lieutenant me dédommageait par un éloge officiel.

Cet excellent officier fut malheureusement perdu pour le service peu d'années après. Il était, en 1808, sur *le Conquérant*, navire qui faisait voile pour Lisbonne; il fut atteint d'ophthalmie, ainsi que la moitié de l'équipage. Il ne recouvra jamais complétement la vue. Quoique promu éventuellement au grade de capitaine, il ne put servir longtemps et devint tout à fait aveugle. Il attendait sa nomination définitive, mais l'amirauté passa son tour, et cet oubli le rendit fou. Cependant ce n'était qu'un vain titre, puisqu'il ne pouvait plus reprendre la mer. S'il avait conservé la vue, il serait encore un des meilleurs officiers de la marine royale. Autre a été son sort, et il est mort aveugle, fou, et le cœur brisé.

J'ai déjà dit, je crois, que j'étais très-petit pour mon âge, passablement colère, et qu'en outre je parlais le patois d'Édimbourg, avec le délicieux accompagnement de l'accent de Berwick, où l'on fait si bien sonner les *rrr;* de plus, j'avais le mal de mer à la moindre brise, et des rages de dents une fois la semaine. Au milieu de ces tribulations, je comptais avec confiance sur l'appui de mes compatriotes, dont plusieurs se trouvaient parmi les aspirants plus âgés que moi; erreur où j'étais tombé pour avoir entendu dire qu'en pays étranger les Écossais se soutenaient entre eux. Mais ces garnements, malgré leur amitié véritable pour moi, n'étaient pas toujours disposés à me prêter aide et secours comme je l'entendais. Malheureusement aussi, je m'étais mis dans la tête que je parlais anglais avec une pureté remarquable; grande illusion sans doute! Une fois il me manqua de l'argent, et un camarade, voyant mon embarras, me demanda de quoi il s'agissait.

« Oh! répondis-je, j'ai perdu une demi-guinée. (*I have tint*[1] *a half guinea.*)

1. *Tint* (perdu) est un mot de l'idiome écossais.

— *Tint!* dit l'autre, que veut dire cela? »

Dans ce moment, un de mes compatriotes vint à passer. Il entendit la question, éclata de rire, et dit que *tint* signifiait *perdu*. Il ajouta qu'il n'y avait qu'un *Sawney*[1] du nord qui pût se servir d'un mot aussi barbare, inconnu en Angleterre.

« *Eh! Saunders*[2], *where are you gawing*[3]*?* » et plusieurs autres phrases moqueuses et offensantes pour mon pays natal, phrases qui ne peuvent guère s'imprimer, me furent décochées par la portion anglaise du cercle qui s'était formé pour entendre cette confusion des langues. Si l'accent écossais dans sa pureté est assez mauvais, c'est, dans la bouche d'un ignorant, un patois vraiment sauvage; et c'était un surcroît de dépit pour moi d'entendre ses beautés doriennes profanées par des bouches anglaises. Je tins bon pendant quelque temps, mais enfin je me mis en grande colère; c'était justement ce que les coquins voulaient. Saisi soudain d'une pensée lumineuse, je me tournai vers l'auteur de tout le mal, vers celui qui, par sa traduction de mon expression provinciale *tint*, m'avait attiré toutes ces railleries, et je lui dis en fureur : « C'est vous qui avez volé la demi-guinée. »

1. *Sawney*, sobriquet générique donné aux Écossais.

2. *Saunders* (Alexandre), même mot que *sawney*.

3. Phrase écossaise pour *eh! saunders, where are you going* : eh! l'Écossais, où allez-vous? les Écossais prononçant autrement que les Anglais. (*Note du trad.*)

J'eus les rieurs de mon côté, mais pour un moment, un seul moment; car, l'instant d'après, une grêle de coups de poing venant de la partie accusée vengea l'indépendance de la justice du cockpit, et dispersa à droite et à gauche toute notre bande (nous autres menu fretin), comme un dauphin disperse une nuée de poissons volants.

Cette affaire à peine oubliée, j'en eus une autre, encore à cause d'un compatriote qui était alors et qui est toujours de mes meilleurs amis, mais dont les bonnes intentions me semblaient fort suspectes.

Il n'est dans toute la marine royale aucune classe d'individus doués d'un appétit aussi insatiable que les plus jeunes aspirants; leurs assiettes sortent de leurs mains aussi nettes qu'avant le dîner. La cause de cette voracité, il est inutile de la chercher; le fait de leur prodigieux appétit est universellement connu. Dans une telle communauté, la maxime des Esquimaux : *premier venu*, *premier servi*, se met parfois en pratique. Un jour, après le quart du matin, je descends à midi et demi pour dîner, mais je ne trouve qu'un morceau de bœuf provenant des provisions du vaisseau que nous appelions *bout de vieux câble salé*, et que nous prenions quelquefois pour du *cheval salé* : il ressemblait beaucoup à de l'acajou, et était souvent tout aussi insipide. On m'avait laissé encore une très-petite part de pouding gras, appelé dans notre argot *dough* ou *duff*, et qui différait peu pour l'aspect et le poids de la terre de pipe. On a dit avec raison des jeunes aspirants que, si Dieu peut changer leur cœur, le diable ne peut rien sur leur estomac, et dans cette occasion je me plaignis, non pas de la qualité, mais de la quantité des mets. En cinq minutes le plat et l'assiette étaient revenus à cet état habituel de propreté qui aurait fait de la place de marmiton une complète sinécure, si nous avions été honorés d'un pareil serviteur.

Pendant que je ruminais sur cette maigre chère, un des plus âgés aspirants me cria : « Allons, cadet, vous avez fini de dîner; partez; j'ai besoin de votre place à table pour écrire mon loch; allons, débarrasse le plancher. » Et en dépit de lord Chesterfield et de ses lettres sur la politesse, qu'il lisait continuellement, il me jeta sans cérémonie dans le poste; soit l'indignité de ma sortie, dont je n'ose raconter les détails après un si long intervalle, soit la vacuité de mon estomac, j'étais de très-mauvaise humeur quand je remontai sur le pont, moins d'un quart d'heure après en être descendu.

« Holà! maître Saunders, cria un de mes amis écossais, qu'avez-vous donc? vous êtes aussi rouge que notre compatriote quand il fut pris à moitié passé dans un trou de mur de jardin.

— Pour vous dire la vérité, répondis-je, content d'exhaler ma colère, je n'ai pas eu *ma part de pou-*

ding aujourd'hui. — Oh, oh! est-ce cela? Parfait! *votre part* de pouding! excellent! » Et aussitôt il se précipita au bas de l'échelle pour passer la plaisanterie aux autres, de sorte qu'à chaque pas j'étais assailli de questions sur *ma part de pouding;* et ma malheureuse phrase, traduite dans les divers dialectes de ce qu'ils regardaient comme de l'écossais, uniquement parce que ce n'était pas de l'anglais, fut répétée comme un refrain de chanson toute la semaine suivante.

Cette histoire, ainsi que celle de la demi-guinée, aurait été bientôt oubliée pour une autre, si un de mes compagnons de gamelle n'eût lu *sir Launcelot Greaves*, roman de Smollet, dans lequel un certain juge Gobble est représenté comme un grand gourmand. Le malicieux lecteur ne fut pas plutôt arrivé à ce passage, qu'il s'écria qu'il avait trouvé un nom pour moi, et je fus incontinent baptisé du sobriquet de M. le juge Gobble, titre que je conservai jusqu'à ce qu'un autre plus à mon goût et plus juste me fut donné en échange.

J'avais entendu dire ou lu quelque part que, si l'on descendait dans la mer une bouteille bien bouchée à la profondeur de cent brasses, on la retirerait pleine d'eau douce. Comme beaucoup de modernes inventeurs, je m'imaginai que cette expérience avait été mal faite. Par une matinée belle et calme, j'empruntai donc une couple de lignes à morue, qu'on préparait en grande quantité pour les bancs de Terre-Neuve; puis, arrivé hors de vue, sous un des canons de la batterie basse, je jetai mon appareil par-dessus le bord. On m'aperçut au moment où je le hissais, et il nageait à peine à la surface de l'eau, qu'une demi-douzaine de mes compagnons, moins savants, ne se firent pas faute de brocards sur mon expérience. Quelle explosion de rires, lorsqu'en examinant la bouteille, je trouvai le bouchon à sa place, mais plus enfoncé, et le contenu aussi salé que possible !

« Bien! dit l'un des spectateurs. Voilà qui est plaisant! le juge Gobble est devenu physicien! Qui l'aurait pensé? » Et ils se dispersèrent pour aller rire d'autre chose, légers de cœur, sans souci de rien, prêts à toute malice comme à tout travail, se formant par degrés et par des progrès involontaires à l'accomplissement exact des devoirs si variés de leur profession, qui, semblables aux éléments avec lesquels il leur faut lutter, sont à peine les mêmes deux jours de suite.

Quelques-uns de ces jeunes gens avaient des dispositions pour la mécanique, d'autres pour la navigation, et d'autres, consacrant une grande partie de leur temps à l'étude du gréement et de la construction navale, avaient toujours les mains dans le baquet au goudron. Peu s'adonnaient à la lecture et au dessin; quelques désespérés embouchaient résolûment la flûte; un ou deux ne songeaient qu'à la toilette; plusieurs juraient amitié fidèle à la bouteille de *grog*, tandis que de temps à autre un aspirant sentimental se croyait inspiré et composait des vers exécrables que nous trouvions excellents. De tous ces jeunes gens pleins d'espérance, le plus grand nombre a trouvé un tombeau, les uns à terre, les autres dans les vagues de l'Océan.

En passant les bancs de Terre-Neuve, le vaisseau fut mis en panne, afin de rester en sonde; le quartier-maître attacha un hameçon amorcé à une ligne de fond, et amena à la surface une belle morue, de la profondeur de quatre-vingt-dix brasses. Le capitaine consentit à s'arrêter une heure ou deux; une cinquantaine de lignes furent lancées, et bientôt les ponts furent couverts à l'avant et à l'arrière d'une quantité de poissons que Billingsgate[1] a rarement vue.

Quand on ne connaît rien à la vie du marin, on croit que le poisson est pour nous une nourriture commune; et cependant il est rare que nous en goûtions. Aussi notre meilleur repas au port est un plat de soles fraîches ou de maquereaux. Le poisson le plus commun est pour nous un mets recherché. Ce n'est que dans les mouillages qu'on en

1. Billingsgate, marché au poisson de Londres.

trouve ; car dans l'Océan vaste et sans fond on ne rencontre que des baleines, des marsouins, des dauphins, des requins, des bonites et des poissons volants. J'aurai peut-être occasion de décrire la manière de prendre, de préparer et de manger tous ces poissons, car nous faisons ripaille de tous, excepté du requin. Entre lui et les matelots c'est une guerre éternelle, assez semblable à celle qui exista de tout temps entre les Indiens et les Esquimaux : le requin peut être comparé aux Indiens, qui mangent leurs prisonniers ; nous, aux Esquimaux, qui se contentent de tuer leurs captifs et préfèrent manger autre chose.

Je n'ai jamais compris pourquoi certaines personnes prennent du poisson, tandis que d'autres ne peuvent en venir à bout. Dans la pêche de rivière, un certain degré d'adresse, le choix du lieu, sont des chances de succès, cela se conçoit ; mais, quand une ligne est plongée à quatre-vingts ou cent brasses hors de la vue, à quoi peut servir l'adresse ? Eh bien ! dans un vaisseau, sur les bancs de Terre-Neuve, ou dans un canot, sur les bords du Thrumcap, dans le havre d'Halifax, j'ai vu un matelot amener autant de morues qu'il pouvait de fois amorcer son hameçon ; d'autres, au contraire, dans des circonstances tout à fait semblables en apparence, avaient beau se tourmenter pendant une demi-journée, ils ne prenaient rien du tout.

Sans doute l'intelligence doit agir à une des extrémités de la ligne ; autrement le poisson ne mordrait pas à l'autre bout ; mais l'embarras est de comprendre par quelle force mystérieuse l'intelligence humaine trouve son chemin, comme l'électricité, le long de la ligne jusqu'au fond de la mer. J'ai souvent demandé à d'heureux pêcheurs comment ils faisaient mordre le poisson, mais ils ne me donnaient que des réponses vagues ; quelquefois ils prétendaient que cela tenait à l'appât. « Eh bien, disais-je, donnez-moi votre ligne, et prenez la mienne. » Mais deux minutes après que nous avions changé de place, mon compagnon prenait autant de poissons qu'auparavant, et ma nouvelle ligne n'éprouvait aucune secousse, bien que tout à l'heure les poissons parussent se disputer l'honneur de mordre à l'hameçon de mon voisin.

Il y a, je suppose, un tour de main, un jeu du poignet qui communique à l'appât un mouvement particulier, et qui le fait ressembler aux vers que les poissons aiment le plus. Mais cet art ne se démontre pas plus par des paroles que le talent d'un peintre ou les pirouettes d'un danseur. Des pêcheurs sans expérience, qui perdent patience comme moi parce qu'ils ne prennent pas de poisson au premier coup de ligne, feraient mieux de s'occuper d'autre chose. La seule fois peut-être où je pris du poisson, ce fut dans mon premier voyage à travers l'Atlantique. Ma ligne était restée dans l'eau une grande heure; je la retirai tout désespéré. Elle était si légère, que je crus qu'elle s'était brisée; mais quel fut mon étonnement quand je vis flotter au bout une énorme morue, doublée de volume par l'expansion de sa vessie natatoire!

A la profondeur de quatre-vingts ou quatre-vingt-dix brasses, cet appareil est comprimé par cinquante ou soixante atmosphères; mais, quand l'air est délivré de ce poids, en approchant de la surface, la force des muscles est insuffisante pour le retenir ainsi condensé; et son expansion non-seulement tue le poisson, mais quelquefois le lacère, comme le ferait l'explosion de la poudre à canon.

Après une traversée d'environ six semaines, nous arrivâmes à Halifax, dans la Nouvelle-Écosse; et je me rappelle parfaitement mes sensations en touchant les rives du nouveau monde. « Au moins, me dis-je en moi-même, je suis décidément lancé, et j'aurai du malheur si je ne fais pas le tour du globe avant de me reposer. » Et cela n'a pas manqué; mais la plupart de ces voyages ont été exécutés au service, et forcément, sans aucune volonté expresse de ma part. Une fois seulement, j'ai parcouru l'Europe à la hâte; et récemment, j'ai fait pour mon compte une excursion dans l'Amérique du nord. Mais, à part ces exceptions et une petite course à l'île du Prince Édouard, dans le golfe Saint-Laurent (course sur laquelle je reviendrai peut-être), chaque lieue, tant sur terre que sur mer, a été parcourue aux frais de Sa Majesté, c'est-à-dire dans l'exercice de ma profession.

Le but de cette observation est de donner une sorte d'encouragement aux officiers de marine de tout rang, de tout âge. A moins qu'ils ne soient bien stupides ou bien malheureux (ou l'un et l'autre) ils auront dans le cours de leur vie tout autant de moyens de voir les pays étrangers que s'ils étaient nés avec de la fortune, et qu'ils l'eussent dépensée uniquement en voyages. Et certes, c'est une chose agréable que d'être transporté partout sans bourse délier; peut-être y a-t-il aussi quelque avantage à être ainsi ballotté sans choix de notre part. A vrai dire, c'est souvent un désappointement amer de nous voir contraints de partir à la hâte, nos observations inachevées, notre curiosité à demi satisfaite, pour être lancés, tout occupés des scènes que nous quittons, au milieu de scènes nouvelles; mais aussi l'attention est tenue sur le qui-vive, et l'esprit, obligé d'observer plus vite, acquiert plus de pénétration, plus de netteté et de promptitude dans les décisions. Les pays qu'on parcourt semblent de plus en plus féconds en curiosités; la masse de nos connaissances grossit, et à la fin le champ de l'observation semble si plein, qu'au lieu d'avoir à chercher des matériaux, le voyageur est accablé de leur abondance, et ne sait par où commencer lorsqu'il veut décrire.

Toutes les recherches bien dirigées dans une branche de l'histoire naturelle ont ce précieux résultat que, plus on avance, plus on veut avancer encore; et dans la marine, à mesure qu'un officier monte en grade, ses moyens de voyager utilement augmentent, ses relations dans la société sont plus faciles et plus étendues, et arrivé enfin au commandement d'un vaisseau, il se trouve peut-être dans la meilleure position pour voir le monde avec avantage.

Dans la plupart des pays, et surtout dans les pays nouveaux, les côtes sont ce qui offre le plus d'intérêt, parce que, naturellement, c'est là que les premières villes s'élèvent. Lorsqu'il n'en est pas ainsi, les officiers de marine font des excursions fréquentes dans l'intérieur, et partout ils sont sûrs de trouver un accueil cordial; partout on leur montre ce qui vaut la peine d'être vu. Leur meilleur passe-port est leur uniforme; leurs meilleures lettres d'introduction, leur commission; et, s'ils laissent perdre des occasions si belles, qu'ils s'en prennent à leur intelligence, et non à la noble profession de marin. Si, comme officiers, ils ne savent tirer parti ni de leur existence maritime, ni de leurs voyages, selon toute probabilité, ils auraient été déplacés dans toute autre carrière.

Un tailleur d'Halifax, tristement joué par un de nos aspirants qui ne voulait pas payer ses interminables mémoires, s'écria, dans un accès de colère, au milieu du poste et devant nous tous, qu'après avoir fait essayer inutilement à son fils une douzaine de métiers, il était décidé, en dernière instance, à le mettre à bord comme aspirant. Ce blasphème fut proféré durant la courte paix d'Amiens, à notre première visite à Halifax, époque où n'ayant que peu de besogne, nous courions après les farces. Le tailleur eut à peine quitté le vaisseau, qu'on résolut de le punir.

Ce membre vulgaire de l'espèce humaine s'enorgueillissait fort d'une queue oblongue qui lui descendait jusqu'au milieu du dos; elle n'avait pas échappé à ses ennemis, qui décidèrent en conseil secret qu'on la lui couperait.

Rien, il faut l'avouer, de plus traître que les moyens mis en œuvre pour porter atteinte à la gloire du pauvre tailleur. Il fut invité en forme à dîner avec nous; et, comme on lui versa abondamment du *grog* fait suivant la formidable recette dite *Nord-Wester*, d'après laquelle une moitié du verre est du rhum, et l'autre moitié du rhum et de l'eau, notre hôte infortuné fut bientôt sous la table, tout à fait incapable de se mouvoir. Il fut hissé au milieu des cris de triomphe hors de notre poste, et placé en travers du câble de la troisième ancre, où après maints gémissements et grognements que lui arrachait la dureté de sa couche, il tomba profondément endormi.

Sa belle queue, l'orgueil de sa vie, fut alors fixée avec du goudron au câble même; et telle était la ténacité de cette substance, qu'au matin, quand le canon du point du jour, tiré sur sa tête, éveilla le pauvre homme, il ne put pas plus se détacher du lieu où il était fixé, que Gulliver en pareille circonstance. Son cerveau était encore tellement brouillé qu'il ne savait ni où il était, ni ce qui le retenait. Après avoir tiré ses cheveux pendant une minute ou deux, il appela du secours à grands cris. Un des aspirants, frappé de la brillante idée de rendre le tailleur l'exécuteur de sa propre condamnation, accourut à son aide, et lui donnant un rasoir : « Au nom du ciel, cria-t-il, dépêchez ; le diable vous a saisi par la queue. »

Le pauvre artisan, fou de peur, plein d'horreur pour sa mystérieuse situation, fit aussitôt ce qu'on lui demandait. Il coupa en toute hâte, songeant peu que sa main précipitée tranchait ainsi la gloire et l'honneur de sa maison. En se retournant, il vit avec douleur la queue sacrifiée, qui pendant plus d'un demi-siècle avait fait ses délices à lui et les délices de sa tendre moitié Rebecca. Lorsque l'idée de revenir sans queue traversa sa tête à demi égarée, il cria, dans l'angoisse du désespoir, à ses malicieux persécuteurs : « Oh ! Seigneur ! oh ! Seigneur ! je suis un homme perdu pour ma Rebecca ! »

La vengeance des aspirants fut complète ; et sur le vaisseau, pour exprimer la position d'un malheureux qui avait donné dans un piége et s'en était tiré avec perte, on conserva longtemps ce proverbe : « C'est un homme perdu pour sa Rebecca. »

IV.

Les Bermudes. — Le saut de la baleine.

Le Léandre était un vaisseau de cinquante canons, bien connu dans la marine pour avoir formé une des lignes de bataille à Aboukir; il avait soutenu ensuite avec gloire, quoique malheureusement, l'attaque du vaisseau français *le Généreux*, par qui il fut pris avec les dépêches de Nelson qu'il portait en Angleterre. C'était un joli vaisseau, à jamais cher à la mémoire de ceux qui ont navigué sur son bord, de ceux-là surtout qui ont fait avec lui leur premier voyage sur mer, et ont pu, à la lettre, s'appliquer la belle pensée de notre chant national :

Our march is on the mountain wave, our home is on the [deep[1].

C'est là en effet ce qui donne à la marine anglaise son caractère particulier, et contribue le plus à ses triomphes. Nous faisons réellement notre maison

1. « Nos sentiers sont sur les montagnes flottantes de l'Océan, notre maison sur l'abîme des flots. » Ce vers fait partie du *Rule Britannia*.

du vaisseau; nous n'avons d'autres idées de devoir ou de bonheur que celles qui s'y rattachent; nous sommes fiers de sa beauté comme nous le serions de celle de notre fille, et nous encourageons son équipage à d'honorables actions, comme nous voudrions y encourager nos fils. Le rang de chaque navire dans une flotte est un sujet d'interminables discussions parmi les officiers, les aspirants et les matelots de toutes les classes; car ils considèrent leur honneur individuel comme intéressé dans tout ce que fait ou est capable de faire leur vaisseau. Cette jalouse prédilection est plus frappante encore quand il s'agit de notre premier vaisseau, qui, comme notre première maîtresse, obtient en quelque sorte la fleur de nos sentiments, cette ardeur amoureuse que ne pourra surpasser ni égaler même aucun de nos attachements à venir. Je dois en effet de bons amis et des souvenirs bien doux à d'autres vaisseaux; mais je suis sûr, que quand je vivrais assez longtemps pour être grand amiral, *le Léandre* aura toujours la première place dans mon cœur de marin. Je me souviens de tous ses coins et recoins, de chacune de ses poutres, de chaque cabine, de chaque canon. Ce souvenir est pour moi ce qu'est pour d'autres le souvenir du collége. Quand nous rencontrons quelques-uns de ceux qui ont fait partie de son équipage en ces temps heureux dont je parle, tout autre texte d'entretien est écarté ; pendant des heures entières, nous n'avons pas de plus grand plaisir que de nous redire les aventures de notre vie d'aspirant et jusqu'aux événements les plus puérils survenus à bord de notre cher *Léandre*. Qu'importe que chacun de nous ait peut-être entendu ou ait raconté lui-même cinquante fois les mêmes histoires, les mêmes bons mots, dans la même compagnie? nous les écoutons encore avec un intérêt toujours croissant, avec cette intarissable bonne humeur qui nous transporte une seconde fois au printemps de la vie.

Le 6 décembre, nous partîmes d'Halifax avec une brise fraîchissante de nord-ouest; il faisait si froid que le port était couvert d'une vapeur appelée « le barbier, » sorte de lourd brouillard qui pèse sur la surface de la mer et y glisse à l'aide du vent d'hiver, de manière à venir vous geler jusqu'à la moelle des os. Ce brouillard est évidemment causé par la condensation de l'humidité immédiatement au-dessus des flots. Le thermomètre, lorsque nous mîmes à la voile, était à onze degrés au-dessous de zéro; et, sans la violence du vent qui vint briser en écume la surface de la mer, je crois que nous eussions été gelés comme les voyageurs du nord-ouest à l'île de Melville.

Comme nous dépassions un des quais de la ville d'Halifax, juste avant d'arriver à l'étroit passage qu'on trouve entre l'île George et le continent, au sud de ce havre magnifique, un bateau en sortit tout à coup avec un monsieur qui, par je ne sais quel hasard, avait manqué son embarquement. Les gens du bateau réussirent à accoster le navire; mais en saisissant une amarre qui leur fut jetée des chaînes des grands haubans, ils eurent le malheur, dans leur précipitation, de la faire tourner autour du banc des rameurs, au lieu de l'attacher quelque part à leur poupe. L'inévitable conséquence de cette manœuvre fut de soulever en l'air leur arrière.... et de plonger leur avant dans l'eau. Il n'y a pas besoin d'être marin pour comprendre comment cela se fit, quand j'aurai dit que nous filions dix nœuds. En un clin d'œil, tout le monde du bateau, officiers et rameurs, flotta sur l'onde, les uns cherchant à empoigner un aviron, les autres gagnant la terre, qui heureusement n'était pas loin, car la mer est là si profonde qu'un navire allant ou venant peut sans danger raser le rivage.

Avec un froid si intense, nous fûmes étonnés de voir tous ces hommes nager si aisément; mais nous apprîmes ensuite de l'un d'eux que, l'eau étant de quarante à cinquante degrés plus chaude que l'air, il s'était figuré en plongeant tomber dans un bain chaud; seulement à peine avait-il atteint la jetée, où il fut repêché comme un rat à demi noyé, qu'il se sentit littéralement enfermé dans un étui de glace depuis la tête jusqu'aux pieds. On ne lui ôta qu'avec beaucoup de peine cette singulière cotte de mailles. Ce ne fut qu'après être resté pendant quelques heures dans un lit bien bassiné, entre deux autres personnes, qu'il put se mouvoir, et il lui fallut plusieurs mois avant d'être en état de quitter la chambre.

Il nous eût été impossible de nous arrêter par un temps pareil et en un lieu semblable; *le Léandre* fila donc rapide comme une flèche, doublant le cap Chebucto, le cap Sambro et je ne sais combien d'autres caps noirs et de roches nues qui semblaient submergées par quelque immense déluge. La brise se convertit rapidement en une rafale qui déchira tout à coup en mille pièces notre grand hunier, et en livra les lambeaux à l'ouragan avec un tel fracas, que je crois encore, à l'heure qu'il est, en entendre le vacarme. Je sais peu de choses plus imposantes que le bruit causé par les frappements d'une voile humide dans un ouragan pareil, quand, n'étant plus retenue par les écoutes, elle se tourmente en tout sens pour se débarrasser de sa vergue, qui ploie et craque d'une manière si terrible que la partie inférieure du mât lui-même s'incline quelquefois comme un roseau. J'ai certainement entendu des coups de tonnerre plus forts que les sons dont je parle, mais bien peu qui produisissent plus d'émotions que les explosions d'une voile déchirée par une tempête mêlée de vent et de pluie. Je me tenais debout là où je n'avais que faire, sur le gaillard-d'arrière, du côté du vent, et ne sachant trop comment finirait une scène si nouvelle, mais ayant une idée vague que le vaisseau allait couler à fond. L'amiral regardait la voile en lambeaux avec autant de sang-froid que possible, après avoir ordonné que les gabiers de la grande hune, dont les efforts étaient tout à fait inutiles, fussent rappelés de leur poste, hors de la portée des cordages qui éclataient sur leurs têtes. De temps en temps je remarquais le coup d'œil que sir A. Mitchell jetait du côté d'où soufflait le vent, dans l'espoir de quelque changement propice : mais tout allait de mal en pis, et enfin, lorsque le petit mât de hune parut être réellement en danger, car il ployait comme un jonc, quoique sa voile eût été risée, l'amiral se dispensa de tous les intermédiaires de l'étiquette, et, commandant directement la manœuvre, s'écria d'une voix si forte qu'elle me fit tressaillir et reculer de deux pas sur le gaillard :

« Du monde au cargue-point des basses voiles ! »

En une minute la voile s'éleva graduellement contre la vergue ; le vaisseau, gémissant et cruellement tourmenté jusqu'aux fibres de sa moindre planche, parut tout à coup soulagé de la pression des voiles qui étaient sur le point de le précipiter tout droit sous l'océan, et le faisaient trembler de l'avant à l'arrière.

Il s'agissait ensuite d'établir le bâton de clin foc

pour débarrasser le beaupré. Dans l'exécution de cette manœuvre, un de nos meilleurs matelots tomba à la mer : c'était le second capitaine du gaillard d'avant. Telle était la précision de son admirable talent comme timonier, que le capitaine lui fit un jour le compliment qu'il devait, certes, avoir cloué la boussole à l'habitacle. Aussi était-il si estimé à bord que sa perte y causa des regrets plus qu'ordinaires. Je vis le pauvre diable précipité de son poste, et je le suivis lorsqu'il flotta le long du navire, bondissant comme un liége, fendant bravement les flots, en élevant vers nous un regard suppliant que je n'oublierai jamais. En moins d'une minute, il était hors de vue; un canot aurait difficilement résisté à un pareil temps; et tout ce qu'on put faire pour lui fut de lui jeter des cordages dont aucun ne put arriver jusqu'à ses mains. Quoique nous eussions perdu bientôt ses traces, il est probable qu'il continua plus longtemps à nous distinguer, courant sous le vent à mâts et à cordes[1].

Cet ouragan, le premier dont j'étais témoin, fut aussi un des plus terribles dont je me souvienne. Il dura trois jours, dispersa toute notre petite escadre, fit presque couler bas *le Cambrien*, un de

1. *Under our bare poles.* « *Courant à sac*, dit le dictionnaire de Romme, ou *à mâts et à cordes.* » (*Note du traducteur.*)

nos vaisseaux, qui arriva aux Bermudes quelques jours après nous, ayant perdu son grand mât et ses trois mâts de hune.

Le sol des Bermudes nous sembla, à nous autres jeunes aspirants, bien aride, et n'offrant guère de productions utiles, de celles du moins que nous eussions désiré y trouver. Il y avait alors si peu de bœufs ou de moutons dans cette île, que je me souviens qu'il était rare de voir servir de la viande fraîche sur aucune table, et, parmi les basses classes, c'était un luxe inconnu. Je ne sais ce qu'il en est aujourd'hui. Nos vaisseaux s'en ressentirent.

Les Bermudes forment plus de cent petites îles groupées autour de deux ou trois autres plus considérables. Le siége du gouvernement est dans l'île Saint-Georges, qui a quatre ou cinq milles de longueur sur deux de largeur. La ville est bâtie sur le revers d'une jolie petite colline en face du port. Les maisons n'ont pas plus de deux étages; elles sont construites en pierres de taille, et n'ont pour la plupart qu'une cheminée. Telle est la blancheur des murailles que, lorsqu'on se promène dans les rues par un jour d'été, le reflet en est douloureux à l'œil. Heureusement, beaucoup de ces maisons étant entourées de bananiers, de calebasses, d'orangers et des diverses variétés du palmier, l'effet désagréable de la lumière ne se fait sentir que dans les rues découvertes. Cette jolie ville est presque entièrement habitée par des noirs; mais plusieurs d'entre eux possèdent des maisons, et ont gagné leur liberté d'une manière ou d'une autre. Ce qu'il y a de curieux, c'est que les noirs affranchis ont des esclaves de leur couleur; mais naturellement ce sont les blancs qui en possèdent le plus grand nombre. On ne permet pas aux esclaves de tenir une arme à feu dans les mains, de peur de révolte. Cette précaution, ainsi que la défense qui leur est faite de sortir des maisons passé neuf heures du soir, est nécessaire dans un pays où il y a plus d'esclaves que d'hommes libres.

Nous trouvâmes les noirs, en général, doux, dociles et bons. Si nous entrions chez eux, quoiqu'ils eussent peu de chose à nous offrir, ce peu de chose nous était toujours donné avec une simple et franche hospitalité. A vrai dire, nous reçûmes un accueil plus froid chez les blancs que chez les noirs; mais il faut ajouter que les moyens de traiter les étrangers sont très-bornés aux Bermudes, les habitants de la plus haute classe se nourrissant, nous dit-on, presque exclusivement de viandes salées, qui leur sont apportées d'Amérique par des bâtiments allant et venant l'année durant, comme des bateaux de marché.

Nous avions bien lu dans des contes la description de pays imaginaires, où il y avait des forêts de cèdres; mais il fallait avoir vu les Bermudes pour croire à ces forêts. Dans ces îles enchantées, cet arbre est le bois le plus commun. Tout navire ou bateau construit aux Bermudes est en bois de cèdre. De ce bois odorant sont aussi les solives et les meubles des maisons. Ce n'est pas le cèdre du mont Liban; mais il ressemble assez à l'if d'Angleterre, quoiqu'il s'élève rarement à la même hauteur. Il a une odeur agréable, et porte une petite baie bleue, de la grosseur d'un pois, qui, quoique douce au goût, est très-sèche. Ce bois est très-estimé dans les chantiers, à cause de sa solidité; après avoir été taillé et aplani, il garde quelque temps une jolie teinte; mais il devient bientôt pâle, et n'est pas susceptible de recevoir un beau poli. Nous vîmes aussi dans les Bermudes une telle abondance d'orangers et de citronniers, que nous étions tout ravis à la vue des fruits dorés qui ornaient leurs branches; mais quand nous y grimpâmes pour les cueillir, comptant sur un grand régal, nous les trouvâmes tous de cette espèce amère qui n'est bonne qu'en marmelade.

Excepté quelques pigeons sauvages, on aperçoit très-peu d'oiseaux, dont les plus communs sont rouges ou bleus, à peu près de la grosseur d'une grive. Les bleus sont assez jolis; mais ils ne chantent pas plus que les rouges, de sorte que, dans le poste des aspirants, nous ne nous faisions aucun scrupule d'en faire cuire par vingtaines dans nos pâtés.

Outre l'île Saint-Georges, il y a, comme je l'ai dit, plusieurs autres îles de moindre étendue et une autre appelée le Continent, parce qu'elle est la plus considérable de tout le groupe, n'ayant pas moins de douze à quinze milles d'une extrémité à l'autre. Au nord-ouest du groupe est située l'île d'Irlande, où a été fondé, depuis quelques années, un vaste établissement naval, et près de laquelle se trouve aujourd'hui le mouillage des vaisseaux de guerre. La population de toutes les Bermudes était, à l'époque dont je parle, de près de vingt mille âmes, dont la plus grande partie noire et esclave.

Le roc des Bermudes est une pierre poreuse et si molle que, si on a besoin d'ajouter une croisée à sa maison, on n'a qu'à louer un noir qui, avec sa scie, a bientôt pratiqué une ouverture, n'importe à quel endroit de la muraille.

Il n'est rien de plus remarquable dans ce singulier groupe d'îles que les récifs de corail qui hérissent le fond de la mer vers le nord, et s'étendent au loin, formant une ceinture demi-circulaire à deux ou trois lieues de la terre. Si je m'en souviens bien, un de ces récifs, appelé le North-Rock, montre sa crête au-dessus de l'eau. Tous les autres sont invisibles sous la surface de la mer, et forment par conséquent un des piéges les plus dangereux que la nature ait jamais placés sur la route des navigateurs. Nous vîmes maints pauvres navires venir se heurter sur ces perfides écueils, au moment où, apercevant la terre de cette distance, ils étaient dans une sécurité parfaite.

Quelque dangereux que soient cependant ces bas-fonds, il n'est rien de plus beau quand on les distingue à travers deux ou trois toises d'eau transparente et paisible. Ce n'est pas une exagération de dire que les couleurs de l'arc-en-ciel sont moins brillantes et moins variées que celles qui s'offrent à la vue, quand, par un beau jour de soleil, vous regardez au fond de la mer ces régions enchantées. D'un autre côté, on ne saurait guère rencontrer, dans la vie aventureuse du marin, rien de plus terrible que ces beaux lits de fleurs sous-marines élevant leurs têtes comme les Sirènes des anciens ou celles de la chevalerie, dont la fabuleuse fascination n'était pas moins à craindre. Si, par une triste fatalité, le marin s'engage une fois dans leurs rets, on ne sait que trop qu'il n'a guère de chances de s'échapper.

On raconte aux Bermudes l'histoire d'un batelier qui, vivant, dit-on, de ces désastres, aborda une fois un malheureux navire pris dans ces récifs de corail comme une mouche dans une toile d'araignée, et dit au capitaine :

« Que me donnerez-vous maintenant pour vous tirer d'ici?

— Oh! tout ce que vous voudrez : fixez vous-même la somme.

— Cinq cents dollars (2500 fr.).

— C'est convenu, c'est convenu. »

Là-dessus, le traître de pilote tint sa parole dans un sens, en tirant le navire d'un mauvais écueil pour le conduire dans un autre pire encore.

« Maintenant, dit-il alors à l'étranger, doublement trompé et fort embarrassé, vous voilà dans un lieu d'où jamais vaisseau n'a pu se sauver, car il n'y a qu'un homme qui connaisse les passages, et cet homme c'est moi.

— Je suppose, répondit sèchement le capitaine, que moyennant une seconde somme pareille à la première, vous ne refuserez pas de me tirer de ce récif comme des autres : que dites-vous de cinq cents dollars de plus? »

Le marché fut bientôt conclu; le passage unique fut indiqué, tout juste assez large pour les deux bords du navire, tout juste assez profond pour qu'il y eût six pouces d'eau entre sa quille et les bas-fonds. En une demi-heure les cinq cents dollars furent gagnés.

« Maintenant, dit le capitaine lorsqu'il se vit hors de danger, maintenant, maître voleur, à bon chat bon rat; c'est un proverbe de tous les pays : à moins que tu ne me restitues mes mille dollars, je fais couper l'amarre de ton coquin de bateau, et puis, au lieu de te rendre le mal pour le mal, comme je serais en droit de le faire, je serai meilleur chrétien que toi, car je t'emmènerai en Amérique; c'est-à-dire que tu quitteras, grâce à moi, le plus infâme pays du monde pour un des plus heureux. Là, comme tu me parais avoir quelques gouttes de sang noir dans tes veines, je pourrai fort bien doubler mes mille dollars en te vendant au marché de Charlestown : qu'en dis-tu, mon brave Bermudois? »

Nous restâmes mouillés aux Bermudes pendant la plus grande partie des hivers de 1802 et 1803. La guerre n'avait pas encore éclaté, et, en l'absence du service actif, nous ne négligions rien pour nous occuper et nous amuser. Le maître et une bande de jeunes gens amoureux de la navigation se mirent à inspecter les récifs de corail dont je viens de parler. Ce détachement de philosophes naturalistes, comme on pouvait certainement les appeler, aborda au cap de Saint-David et autres lieux, pour vérifier avec plus de soin la longitude, observer la latitude et les variations de la boussole; mesurer le flux et le reflux perpendiculaires des marées; ou enfin, et plus souvent, se donner le plaisir de la nage pendant une heure dans une mer délicieusement chaude. On comprend aisément que toutes ces recherches fournissaient à ceux qui voulaient les entreprendre un champ inépuisable d'études et d'intérêt.

A la première vue, plusieurs de ces occupations peuvent paraître triviales; mais il faut se rappeler que, quoiqu'il soit facile de faire d'une façon grossière les observations dont je viens de parler et d'autres semblables, il n'en est aucune qui, pour être bien faite, ne demande beaucoup d'attention et de travail. Par exemple, on croirait que c'est une chose toute simple de tirer une ligne droite sur un terrain; mais, si on exige que cette ligne soit très-exactement de telle ou telle longueur, ni plus ni moins, le problème est un des plus embarrassants qui aient exercé et qui exercent encore le talent des plus habiles ingénieurs du jour. Dans le fait, tous ces raffinements d'observations ressemblent assez à la livre de chair du marchand de Venise, avec cette heureuse différence que le philosophe ne risque pas autant que Shylock même, si, sur une base de six milles, il se trompe de six lignes dans son calcul!

Les marins, comme l'élément sur lequel ils sont bercés, ne se reposent guère; et ils sont rarement satisfaits de ce qui a été fait avant eux. Conséquemment, dès qu'un navire arrive à un port, les navigateurs établissent immédiatement leur observatoire, braquent leurs instruments, montent leurs montres marines, et, comme les anciens Titans, commencent une attaque même contre les cieux.... Et pourquoi tout cela? Ils se disent qu'ils agissent dans l'intérêt de la science, pour les progrès de la géographie ou de l'astronomie : et c'est vrai; mais à ces motifs purs et nobles s'en mêlent quelques autres moins sublimes, qui n'entretiennent pas moins le zèle. Il y a au fond de nos cœurs une malicieuse espérance de découvrir que nos prédécesseurs n'ont pas fait avec la précision où nous croyons atteindre leurs observations de la longitude, de la latitude et autres. Peu importe que notre exactitude supérieure provienne de la perfection comparative de nos instruments, de nos loisirs plus étendus, ou de quelques circonstances plus propices. Tant que nous espérons mieux faire, nous espérons aussi recueillir le fruit de notre supériorité, oubliant que nous serons surpassés à notre tour par de plus habiles ou de plus heureux que nous.

Un de nos jeunes camarades, devenu depuis un officier utile et entreprenant, se mit en tête d'aller faire une excursion sur un des navires baleiniers de la pêche des Bermudes. Il obtint la permission de descendre à terre et réussit complétement à être témoin de la capture d'une baleine. Le monstre toutefois entraîna les pêcheurs loin en mer, et ce ne fut que longtemps après le terme fixé pour son retour que l'aspirant reparut, délicieusement parfumé d'huile, et avec un admirable récit à nous faire de ses aventures.

On décida unanimement que c'était là une sorte d'expédition, et notre aspirant passa naturellement pour un esprit aventureux. Je fis partie d'une autre bande, qui, un peu jalouse des lauriers de notre camarade, saisit la première occasion de s'illustrer de la même manière. On découvrit un beau matin une monstrueuse baleine qui jouait autour du *Léandre*, dans l'ancrage de Murray, ayant franchi la ceinture de récifs que j'ai déjà décrite comme bordant la rade à l'est et au nord. Nous ne pûmes deviner comment cet immense poisson s'était engagé dans un semblable guet-apens; peut-être, en se glissant le long des bords du banc de corail pour se débarrasser, contre ces aspérités, des incrustations de coquillages qui tourmentent ces monstres de l'océan, s'était-il peu à peu avancé trop loin; ou, plus probablement, s'étant mis à la poursuite de quelque menu fretin, il s'était laissé entraîner par son imprudente ardeur dans ce labyrinthe de récifs, jusqu'à ce que la fuite lui devînt impossible. A tout événement, il se trouvait enfin dans une eau comparativement plus profonde de huit à dix toises, sans moyen apparent de retraite au milieu de cette trappe de corail. Chacun de nous s'élançait aux cordages et aux gréements pour voir s'agiter la baleine; quelqu'un soudain proposa assez témérairement d'aller lui rendre visite dans une des chaloupes, sans autres armes offensives ou défensives que les gaffes ordinaires : ce sont de longues perches, dont la pointe en fer, recourbée comme celle d'une houlette, suffit bien pour pêcher une tortue qu'on surprend endormie; mais ce ne sont que de minces roseaux, en conscience, contre un poisson de quarante ou cinquante pieds de long!

Nous partîmes cependant pour notre folle chasse à la baleine, sans aucune idée précise de ce que nous ferions, si nous abordions le *gibier*. Quand nous fûmes près du grand léviathan, son aspect devint de plus en plus formidable, et il fut nécessaire de préparer un plan régulier d'attaque, si nous voulions toutefois attaquer. Quant à la défense, il ne fallait pas y songer, car d'un revers de sa queue l'ennemi eût fait sauter la chaloupe et son équipage, les gaffes et le reste, par-dessus les dernières vergues du vaisseau amiral. Tous les yeux étaient alors fixés sur nous, et, après un moment de délibération, nous décidâmes unanimement que nous devions arriver sur la baleine et tenter la fortune. Nous voguâmes donc; mais la baleine, dont le dos apparaissait en ce moment au-dessus de l'eau comme un bâtiment avec sa quille en l'air, ne se souciant peut-être pas de notre approche, ou probablement ne nous voyant pas, glissa et disparut, ne laissant après elle qu'un vaste tourbillon d'eau huileuse, et nous restâmes quelque temps à tourner dans le cercle agité, comme de grands enfants que nous étions, la bouche béante. Nous nous trouvions à peu près à une demi-longueur de vaisseau du *Léandre*, de sorte que notre désappointement amusa beaucoup à bord, et que tous nos camarades descendirent en riant des agrès où ils s'étaient perchés pour voir le grand combat entre la baleine et les jeunes aspirants!

Pendant que nous étions sur nos rames, un peu embarrassés de ce que nous avions à faire, nous vîmes un des plus extraordinaires spectacles du monde. Je ne me souviens pas du moins d'en avoir vu beaucoup qui m'aient surpris davantage ou qui aient fait sur moi une impression plus profonde. Notre amie la baleine, trouvant sans doute l'eau désagréablement basse, car, ainsi que je l'ai dit, il n'y avait pas plus de cinquante ou soixante pieds d'eau, ou impatientée peut-être de ne pouvoir s'éloigner des aspérités aiguës des récifs de corail, ou n'importe enfin par quel autre motif de plaisir ou de peine, fit soudain un bond hors de la mer.

Ce saut énorme fut si complet, que pendant un instant nous la vîmes dans l'air suspendue horizontalement à près de vingt-cinq pieds de la surface de l'eau. Son dos devait donc être à plus de vingt pieds perpendiculairement au-dessus de nos têtes. Dans ce mouvement d'ascension, son élan avait quelque chose de la vivacité avec laquelle saute une truite ou un saumon, mais elle retomba dans la mer comme une lourde poutre qu'on jette par son côté le plus large, et avec un tel fracas que l'étonnement nous fit lever les mains à tous, et que le plus hardi d'entre nous resta un moment sans pouvoir respirer. Nous étions inévitablement tous perdus, en vérité, si la baleine avait fait son bond une minute plus tôt, car elle serait alors retombée sur la chaloupe. Les vagues produites par l'explosion s'étendirent sur la moitié du mouillage; et si *le Léandre* lui-même avait sauté, l'effet n'en eût pas été beaucoup plus considérable.

Pendant que nous étions ballottés à droite et à gauche dans notre cutter, nous eûmes le temps de peser le pour et le contre de notre entreprise, et de balancer les chances du succès contre celles d'être broyés sous le ventre du monstre à son prochain saut. Toute idée de le prendre fut donc abandonnée, si une idée aussi folle nous était jamais sérieusement entrée dans la tête. Mais notre curiosité fut grande de voir une seconde prouesse du même genre, lorsque, après être restés dix minutes sur nos rames, nous découvrîmes encore une fois le dos de la baleine à quelque distance.

« Allons l'asticoter encore, s'écria l'un de nous.

— Oui, oui, allons! » répondirent les autres, et nous partîmes dans l'espoir de voir une répétition du même spectacle. La baleine cependant ne jugea pas à propos de sauter de nouveau pour nous faire plaisir. Nous eûmes beau nous approcher d'elle plusieurs fois; elle finit par se retirer tout de bon, et prit la direction du North-Rock, espérant peut-être s'échapper par l'étroit passage connu seulement des pilotes les plus expérimentés de ces parages hasardeux.

Ce ne fut qu'après avoir entièrement perdu la baleine de vue, et lorsque nous commençâmes à ne plus apercevoir la hauteur de l'île de Saint-Georges derrière nous, que nous eûmes le loisir de remarquer le changement de temps qui s'était opéré pendant cette folle expédition. Le ciel était devenu nuageux, et le vent s'était peu à peu converti en une brise du sud-ouest. Nous n'avions rien de plus sage à faire que de virer de bord; car, pour peu que le vent eût augmenté, nous étions inévitablement entraînés loin du *Léandre*, et il nous fallut même ramer pendant plusieurs heures pour regagner le mouillage.

Je n'ai pas raconté cette histoire du saut de la baleine sans beaucoup hésiter, et je ne saurais mieux expliquer la cause de ma défiance en cette occasion qu'en rapportant une anecdote qui m'a été racontée par sir Walter Scott. Je la recommande à l'attention des voyageurs qui ont le projet de communiquer au public ce qu'ils ont vu dans les lointains pays.

Il paraît que Mungo-Park, le premier et peut-être encore le plus intéressant des voyageurs d'Afrique, avait coutume de raconter à ses amis intimes diverses aventures curieuses et amusantes qui lui étaient arrivées pendant sa célèbre recherche du Niger. On ne trouve cependant aucune mention de ces anecdotes dans ses relations imprimées.

« Comment se fait-il, lui demandaient ses amis, que vous n'ayez pas mis tout cela dans votre livre ?

— Oh ! répondait Park, voici simplement la chose : Je fus envoyé en Afrique pour certaines recherches d'intérêt public, et avec la mission expresse de soumettre à mon investigation quelques points particuliers. Or, il m'a semblé important de faire non-seulement ces recherches avec soin, mais encore d'en rendre au public un compte aussi vraisemblable que fidèle.

— Très-bien, répliquaient ses amis ; mais, comme il n'y a rien que de strictement vrai dans ce que vous venez de nous dire, pourquoi avoir privé votre ouvrage de ce qui en aurait, certes, doublé l'intérêt?

— Je n'ai agi ainsi, leur dit alors le voyageur, que pour parvenir précisément à ce bon effet que vous supposez. J'aurais pu, il est vrai, donner à mon voyage un peu plus de popularité pour le moment; mais ce n'était pas ce que je désirais. A tout événement, j'avais, selon moi, un devoir plus sérieux à remplir. Envoyé pour m'acquitter d'une mission donnée, je m'y consacrai avec tout le zèle et tout le talent dont j'étais capable. Mais, à mon retour, je compris que j'avais une autre obligation non moins essentielle, qui était de publier une relation qui en même temps fût scrupuleusement exacte et parût d'une bonne foi évidente. Quant à ces anecdotes que je me suis hasardé à vous dire, à vous, qui me connaissez depuis longtemps, je me suis abstenu de les répéter aux lecteurs du monde, qui ne pouvaient me connaître que par mon livre. En un mot, je ne me suis pas cru libre d'ébranler mon crédit ou même de l'exposer à être ébranlé par des anecdotes aussi extraordinaires que le sont quelques-unes de celles que vous venez d'entendre. Homme du public, dans le champ des découvertes, j'ai regardé ma réputation de véracité comme faisant partie de la propriété publique, et ne devant pas être traitée légèrement pour le plaisir d'amuser et d'étonner un peu plus les oisifs. Je craignais enfin qu'un seul point douteux, dans une pareille publication, n'affaiblît l'authenticité du tout. »

Après la mort de Mungo-Park, lorsqu'on préparait une notice biographique de cet aimable et patient voyageur, on s'adressa à un de ses amis, dont on connaissait la mémoire heureuse, pour lui demander communication de ces aventures, racontées dans l'intimité. Après un moment de réflexion, cet ami refusa de les donner au biographe, prétendant qu'il ne serait pas généreux de publier après sa mort ce qu'il n'avait pas jugé à propos de publier lui-même de son vivant.

Avant d'envoyer à l'imprimeur mon aventure du saut de la baleine, j'éprouvai le scrupule de Park; et, pour m'appuyer d'une haute autorité en matière de baleine, j'écrivis la lettre suivante à mon ami le capitaine Scoresby :

« Il y a plus de vingt-huit ans que je vis sauter une baleine de cinquante ou soixante pieds de long, dans le mouillage de Murray aux Bermudes. La profondeur de la mer, si j'ai bonne mémoire, était environ de dix toises, et la baleine avait, je ne sais comment, franchi la barrière de récifs qui entourent ces îles vers le nord. Quand la baleine fut à sa plus grande élévation, son dos pouvait bien être de vingt ou trente pieds au-dessus de la surface des flots, et en ce moment elle était dans une position horizontale. Comme je n'ai jamais vu depuis pareille chose, j'ai peur de compromettre ma réputation de véracité en racontant une histoire qui, quoique vraie, pourrait ne pas être en rapport avec la dose de crédulité ordinaire des lecteurs. Vous m'obligeriez donc beaucoup en me disant si, dans le cours de vos voyages, vous n'avez pas recueilli quelque fait à l'appui du mien.... »

Je reçus la réponse suivante du capitaine Scoresby, qui, comme tout le monde en conviendra, est l'autorité la plus respectable qu'on puisse citer sur cette question[1].

« Liverpool, 25 août 1830.

« .... Arrivant au sujet principal de votre lettre, j'ai le plaisir de pouvoir attester que le saut dont vous avez été témoin n'est pas aussi rare que vous me semblez le croire. Pendant que j'étais à la pêche des mers du Nord, j'ai vu de semblables tours de force exécutés par les baleines dans leurs moments de gaieté : c'était généralement par des baleines de moyenne taille ; mais j'en ai vu qui

1. Voy. la curieuse *Relation de la pêche de la baleine dans les régions de l'Archipel*, par le capitaine Scoresby, tome Ier, page 467.

avaient quarante ou cinquante pieds de longueur oublier leur gravité habituelle, et se montrer en l'air de la tête à la queue. J'ai plusieurs fois voulu aller à la poursuite de ces poissons en gaieté, mais constamment ils ont éludé l'alternative de sauter sur la chaloupe, ou de se laisser toucher par les fers de gaffe.

« Par parenthèse, tandis que l'effet de la respiration de la baleine a été exagéré jusqu'à être assimilé à celui d'une cataracte, pour l'amusement des crédules, on a beaucoup négligé le saut des baleines comme moyen d'intéresser à leur histoire. J'avoue que moi-même, dans ma description des régions arctiques, je n'ai guère que cité le fait sans l'accompagner d'un commentaire qui aurait pu être amusant. »

V.

Un chien à bord.

Pendant les longs hivers de notre mouillage aux Bermudes, à l'époque de la paix d'Amiens, la grande ressource de nos officiers de marine était la chasse au tir. C'est, comme on sait, l'amusement éternel que les Anglais portent aux coins les plus reculés du globe habitable; chassant dans tous les pays, ne songeant qu'au gibier, et trop souvent insouciants des préjugés ou des craintes des naturels, ils se livreront à ce plaisir, toujours nouveau pour eux-mêmes, dans les régions inhabitées qui ne sont visitées qu'une fois en un siècle : si le capitaine Parry avait atteint le pôle, il eût sans aucun doute logé une balle dans l'axe de la terre.

Je disais donc que les officiers et les jeunes aspirants du vaisseau-amiral des Bermudes, en 1803, allaient presque tous les jours user de la poudre dans les bois de cèdres et les plantations d'orangers de ces îles enchantées, qui nous semblaient de plus en plus belles après chaque nouvelle excursion. Ces messieurs voulaient sans doute se tenir en haleine pour les jeux plus sérieux de la guerre, qu'ils croyaient imminente et qu'ils appelaient de tous leurs vœux. Les aspirants étaient généralement obligés de se contenter d'abattre les oiseaux bleus et rouges avec les pistolets du bord, et, faute de petit plomb, ils découpaient les balles à fusil de Sa Majesté. Les officiers cherchaient un plus noble gibier, et ils étaient naturellement mieux pourvus d'armes à feu et de munitions. Plusieurs d'entre eux avaient amené d'Angleterre quelques beaux chiens, des chiens d'arrêt de race; les aspirants voulurent aussi avoir un chien à eux, mais sans être trop difficiles sur l'espèce, pourvu qu'ils en eussent un.

J'ai oublié comment nous nous procurâmes l'étrange animal qui remplit notre but; mais, une fois qu'il fut à nous, il ne tarda pas à obtenir toutes nos affections. Il est vrai qu'il était aussi laid qu'une pareille bête peut l'être. Sa couleur était d'un jaune sale, et, tandis qu'une partie de ses poils frisait, une autre pendait jusqu'à terre. Il était tout à fait inutile pour la chasse proprement dite, mais parfait pour amuser les jeunes têtes du bord chaque fois qu'il descendait sur la plage, chassant les pourceaux, aboyant aux vieilles négresses, et faisant cent autres gentillesses qui charmaient la génération des futurs officiers de la marine royale.

On est souvent d'avis divers sur les qualités des chiens ; mais nous n'avions aucun doute de la grande supériorité du nôtre sur tous ceux du bord, quoique le nom que nous lui donnâmes n'exprimât pas, certes, cette confiance de notre part. Après une délibération très-grave, il fut décidé que nous l'appellerions *Shakings*, et il faut savoir qu'on désigne par le mot de *shakings* les petits fragments de cordage, les bouts de câble et de vieilles ficelles ou courroies, bref, toute espèce de rebut en fait d'agrès. Ce singulier nom fut peut-être donné à notre joli favori parce que sa couleur ne ressemblait pas mal à celle du chanvre goudronné, ressemblance qu'augmentait encore mainte tache de goudron que son poil recevait des coutures de bordage entre les planches du pont dans les jours chauds de l'été.

Si le vieux Shakings n'était pas beau, c'était du moins le plus sociable des chiens; quoiqu'il aimât tendrement les aspirants et fût payé de retour, il avait assez de l'animal dans sa constitution pour trouver plus de plaisir encore dans la société de ses semblables. Aussi, lorsque les brillants chiens d'arrêt des officiers venaient à bord après une partie de chasse, M. Shakings ne perdait pas un moment pour aller leur demander des nouvelles.

Les chiens d'arrêt, à qui cette familiarité ne déplaisait pas, donnaient au pauvre Shakings toutes sortes d'encouragements. Il n'en était pas de même de leurs maîtres : ils ne pouvaient voir de sang-froid qu'un abominable chien hargneux, comme ils appelaient notre favori, à la fois si sale et si inutile, se mêlât avec leurs chiens si propres et au poil si lisse. D'abord leur aversion s'en tint à ces expressions insultantes; puis elle en vint à quelques coups de pied ou à un coup sur le nez de Shakings avec la crosse du fusil, et enfin à une correction solide avec le fouet de chasse.

Shakings qui, par instinct, connaissait son rang, prenait tout cela en bonne part; mais les aspirants, lorsque les officiers supérieurs étaient hors de la portée de leur voix, se permettaient de violentes malédictions contre la tyrannie exercée sur un pauvre animal qui, à en croire leur tendre caprice pour lui, valait tous les chiens des officiers ensemble. Ils s'attendaient peu, cependant, au coup qui devait bientôt les frapper, par suite peut-être de ces mêmes murmures. Quelle fut leur horreur, quelle fut leur indignation lorsqu'un matin ils entendirent un des lieutenants, choqué de quelque liberté que M. Shakings avait prise avec sa botte bien cirée, dire à un matelot :

« Armez le canot, et allez mettre à terre cette sale, vilaine et infernale bête !

— Où le laisserai-je, monsieur? demanda le rameur de l'arrière.

— Oh ! n'importe où : abordez à la partie la plus proche du rivage et jetez le chien sur les rochers, il saura bien se tirer d'affaire. »

Ainsi partit le pauvre Shakings.

Si un étranger avait été en ce moment dans le poste des aspirants, il aurait pu croire que tout le service naval de Sa Majesté allait être perdu. Cet acte horrible semblait avoir détruit tout lien d'allégeance, de discipline ou de subordination. Je ne saurais répéter tous les termes d'exécration qui furent prodigués à ces tyrans qui, pensions-nous, conspiraient pour nous rendre la vie malheureuse. Quelques-uns votèrent pour écrire une lettre à l'amiral, afin de lui adresser des remontrances sur une pareille injure faite au corps des aspirants, et l'un d'entre nous fit serment de quitter le service si justice ne nous était rendue ; mais, comme il avait juré la même chose six fois par jour depuis qu'il était sur le vaisseau, on ne fit pas grande attention à ce nouveau serment. Un autre déclara sur son honneur qu'une atrocité aussi énorme était capable de faire fuir un homme en Turquie pour s'y faire Turc. Enfin, par un assentiment général, li fut décidé que nous refuserions tout service et ne bougerions plus de nos hamacs jusqu'à ce que nous eussions obtenu la réparation de l'outrage.

Mais au moment de nous engager par serment dans ce complot de mutinerie et de désobéissance, le commandement de *ferler les voiles* se fit entendre; toute notre bande, oubliant sa résolution unanime, se mit à grimper aux cordages, ayant réfléchi sagement que le moment de la révolte n'était pas encore venu.

Nous arrêtâmes ensuite un plan de conduite préférable au projet de quitter le service, d'écrire à l'amiral ou de nous faire Turcs. Le premier aspirant qui descendit au rivage parvint facilement à retrouver le pauvre Shakings hurlant sur la grève. Afin de le cacher, on l'enferma dans le porte-manteau du capitaine. Ainsi dissimulé, il revint à bord en toute sécurité, et fut rendu à ses amis.

En dépit de tout ce que nous pûmes faire pour retenir M. Shakings dans notre poste, il trouva moyen de reparaître sur le pont, afin d'aller y recevoir les félicitations des autres chiens. Là il fut bientôt découvert par les autorités supérieures, chassé à coups de pied, et de nouveau renvoyé sur la plage. Cette fois-ci, il fut honoré de l'escorte d'un de ses propres maîtres, un aspirant, à qui l'ordre fut donné d'aller le mettre à terre, et d'empêcher qu'il ne revînt à bord. On devine que cet ordre fut adroitement éludé; car, avant le soir, le vieux Shakings fut retrouvé encore endormi et ronflant avec ses fashionables amis, les chiens d'arrêt, devant la cabine même de l'officier dont il avait si malencontreusement sali les bottes la veille, premier prétexte de son exil.

Ce second retour de notre chien était de trop. Tout le corps des aspirants fut mandé sur le gaillard d'arrière, et défense nous fut faite de ramener Shakings à bord. Cette défense fut irrévocable; la malheureuse victime de l'oppression fut une troisième fois débarquée parmi les cèdres de l'île, et cette fois Shakings resta une semaine entière à terre, après quoi il reparut encore sans qu'on sût comment, sans que personne pût ou voulût le dire. Jamais il n'y eut joie pareille à celle de Shakings et de ses vingt-quatre amis. Il se mit à gambader sur le vaisseau, jappant avec transport; et, dans son exaltation, il sauta avec ses pattes sales sur les pantalons blancs comme neige des officiers, qui auraient voulu le voir au fond de la mer. Ce fut ainsi que ce pauvre Shakings, sans le savoir, contribua lui-même à accélérer son malheureux sort, en donnant ce témoignage inopportun de confiance à ceux qui complotaient sa perte. S'il s'était dispensé de cette démonstration faite avec ses pattes, s'il était demeuré tranquille dans les sombres recoins de la cale, dont les secrets ne sont connus que des habitants de notre monde sous-marin, tout aurait pu s'arranger encore.

Nous eûmes un grand gala le soir du retour de

Shakings, et nous allions boire à sa santé, lorsque l'officier de quart, entendant le bruit que nous faisions dans notre poste, envoya éteindre nos lumières, et nous fûmes forcés de nous étendre, en murmurant, dans nos hamacs.

Le lendemain, à notre grande surprise, ou plutôt à notre profonde horreur, nous ne pûmes savoir ce que Shakings était devenu. Nous cherchâmes partout, nous interrogeâmes les patrons de tous les canots et les soldats de marine qui avaient été de faction pendant la nuit sur le gaillard d'avant, sur les galeries de la cale et à l'arrière, mais en vain! Point de traces de Shakings.

Enfin, la pensée nous vint que la pauvre bête avait péri par quelque moyen diabolique, et notre fureur ne fit que s'accroître. Ce soupçon semblait d'autant plus naturel que les officiers ne disaient pas un mot qui eût rapport à notre chien. Tandis que nous étions dans cet état d'exaspération et de désespoir, un des nôtres, qui avait quelque chose de plaisant dans son caractère, donna une nouvelle direction à nos idées.

Ce jeune aspirant, qui avait plus du double de notre âge, s'était attiré l'affection de tout le corps par la douceur de ses manières et la générosité avec laquelle il prenait toujours notre parti. Nous l'appelions du sobriquet de *Grand-papa*, et certes il était un véritable père pour tous ceux qui, comme moi, étaient sans parents et sans protecteurs parmi les officiers supérieurs. C'était un homme de talent et d'une éducation soignée ; mais il était entré trop tard dans la marine pour y prendre jamais goût cordialement. Il lui était difficile, en effet, à son âge, de se plier à la discipline humiliante par laquelle tout aspirant doit avoir passé, mais que les plus jeunes et les plus insouciants peuvent seuls supporter. Notre digne ami, en conséquence, malgré tout son talent, ses excellentes qualités et ses bonnes manières, semblait toujours un étranger à bord ; et tout homme qui ne préfère pas le bord à tout ferait mieux de ne jamais quitter la terre. Le Grand-papa préférait ses livres à la manœuvre, et aimait mieux nous guider dans la partie littéraire de notre noviciat, que de se rendre lui-même habile dans les secrets d'une profession qu'il espérait bien abandonner un jour. Quels événements avaient précédé son entrée dans la marine, et pourquoi y était-il entré si tard ? C'est ce que je ne saurais dire. Nous autres enfants du bord, nous étions alors peu curieux de l'interroger là-dessus, nous contentant de jouir des avantages de sa protection contre ceux qui ne se prévalaient de notre jeunesse que pour nous persécuter. Dans les jours de plainte et d'oppression, nous avions coutume de nous rassembler autour de lui pour lui raconter toutes nos peines et nos griefs, sûrs de trouver toujours dans Grand-papa le secours le plus désirable pour ceux qui souffrent : un ami qui vous écoute patiemment.

On supposera facilement que notre bon grand-papa prit un intérêt bien vif au malheur de Shakings, et que nous le consultâmes dans toutes les crises de cette grande affaire. Il fut triste et embarrassé naturellement quand le chien fut finalement perdu, et, pendant quelques jours, il ne put ni nous consoler, ni nous suggérer aucune vengeance qui ne fût pas trop dangereuse à exécuter pour ses jeunes amis. Aussi finit-il par nous faire observer avec prudence que, puisque nous n'avions aucune certitude sur ce qui s'était passé, ce serait folie que de nous exposer à quelque grave mésaventure pour rien.

« Cependant, continua-t-il avec son ton habituel de fine ironie, en passant lentement la main sur son menton, car il me semble encore le voir : cependant, mes enfants, il ne peut y avoir de mal à mettre les autres chiens en deuil pour leur ami Shakings ; car, quoi qu'il soit devenu, il est perdu pour eux comme pour nous, et sa mémoire doit être honorée. »

Cet avis à peine donné, il n'y eut qu'une voix pour demander du crêpe, et toutes les malles et tous les sacs furent fouillés pour se procurer ce signe de deuil. En peu d'instants tous les chiens d'arrêt furent décorés d'une belle ganse noire, fixée à la jambe gauche de chacun, au-dessus du genou. La plaisanterie parut de bon goût. Les officiers ne purent s'empêcher de rire; car, tout démons incarnés qu'ils étaient à nos yeux pendant notre colère, je n'ai jamais navigué avec de meilleurs cœurs, et leur conduite à l'égard de Shakings était une exception. Toutefois, après avoir ri, ils ordonnèrent qu'on enlevât les crêpes des jambes de leurs chiens, et un lieutenant nous dit sérieusement que nous devrions nous en tenir à cet acte de gaieté.

Nous allâmes tout de suite consulter Grand-papa pour savoir ce que nous avions à faire, puisqu'on nous défendait de toucher aux chiens.

« Mettez les cochons en deuil, » nous dit-il; car il y avait alors encore des pourceaux à bord des navires anglais, et ce n'est que depuis peu d'années que les règlements de la marine les ont expulsés.

Nous avions employé tout notre crêpe, mais nous y suppléâmes bientôt avec l'industrie si facile dans un métier qui apprend à ses adeptes à trouver toujours de nouvelles ressources dans de nouvelles difficultés. Par un généreux dévouement à la cause commune, un de nos jeunes marins ôta sa cravate de soie noire, et, la déchirant en pièces, la distribua à chacun de nous. Le tumulte qui éclata bientôt dans la loge des pourceaux prouva que nous étions dignes d'exécuter toutes les inspirations de notre chef. Il n'y eut aucun de ces quadrupèdes qui, au bout d'un quart d'heure, ne portât à la jambe gauche l'espèce de crêpe noir que nous avions pu nous procurer. Nous épiâmes l'occasion favorable, et nous ouvrîmes la porte de la loge de manière à lancer tous les pourceaux sur le pont juste au moment où un groupe d'officiers était réuni sur le gaillard d'avant. Naturellement les pourceaux, délivrés et ravis de leur liberté, défilèrent sous le nez de nos chefs, chacun avec sa ganse noire, grognant ou criant, comme s'ils eussent voulu attirer l'attention sur le deuil de la perte de Shakings. Les officiers furent excessivement choqués de ce spectacle, ne pouvant se dissimuler qu'il s'agissait de s'amuser à leurs dépens aux yeux de l'équipage ; car, quoique les matelots ne prissent aucune part à cet acte d'insubordination, ils n'étaient que trop disposés, dans les longs loisirs de la paix, à se distraire, n'importe comment, de leur oisiveté forcée.

La chose devint donc plus sérieuse, et le corps des aspirants fut mandé sur le gaillard d'avant. Là, nous fûmes alignés sur deux rangs, et l'on nous fit entendre que notre conduite était impertinente; mais ceux qui recevaient cette semonce et ceux qui la donnaient eurent de la peine à s'empêcher de rire; car, pendant ce temps-là, les matelots, par l'ordre des officiers, débarrassaient les pourceaux de leurs nœuds de soie; et, s'il n'est pas facile de mettre un pourceau en deuil, dix fois plus difficile encore est l'opération contraire. Il ne fallut pas moins de six heures pour défaire ce que nous avions fait en moins d'une; sans parler du tumulte qui eut lieu le long des ponts, et principalement sous les canons et sous les chaudières, où deux ou trois des plus jeunes pourceaux s'étaient blottis, résolus en apparence à mourir plutôt que de se soumettre à la dégradation de quitter leur deuil malgré eux.

Tout cela faisait honneur à la mémoire du pauvre Shakings; mais dans le cours de la journée on découvrit le véritable secret de la difficulté de dépouiller un pourceau de son deuil. On surprit deux aspirants qui attachaient un morceau d'étoffe noire à la jambe d'une truie, à laquelle les matelots prétendaient déjà avoir ôté assez de crêpe pour lui faire un habillement complet.

Aussitôt que ce nouvel incident fut connu, nous fûmes tous envoyés au haut du mât; les uns condamnés à s'asseoir sur les barres de hune, les autres sur les vergues du perroquet, et un petit jeune homme, perché au bout du bâton de foc, y fut balancé par un autre à l'extrémité de la corne d'artimon. Cette punition dura six heures, pendant lesquelles on nous laissa sécher, comme nous dit avec sa grimace ironique notre grand-papa. Mais, très-contrarié lui-même de ce dénoûment, notre persévérant ami s'occupa de découvrir le sort de Shakings. Soupçonnant le boucher du bord d'avoir trempé dans le meurtre, si le pauvre chien avait réellement été immolé, il l'envoya chercher sur le soir, le régala de quelques verres de grog, et engagea avec lui le dialogue suivant :

« Je vous crois tout aussi humain que personne, monsieur le boucher; mais chaque fois qu'il s'agit de votre devoir, vous n'hésitez pas, sans doute, qu'il s'agisse d'un pourceau ou d'un mouton ?

— Certainement, monsieur.

— Ou d'un chien, n'est-ce pas?

— Que voulez-vous dire? demanda le boucher étourdi de cette question imprévue.

— Allons, allons, un autre verre! et dites-nous franchement comment vous vous êtes débarrassé du chien.... de Shakings?

— Eh bien! puisque vous le voulez.... je l'ai mis dans un sac.

— Ensuite?

— J'en ai noué les cordons et je l'ai jeté à la mer.

— Mais il n'est pas descendu à fond?

— Oh! monsieur, continua le boucher en s'abandonnant à l'impitoyable instinct de son métier, j'avais mis un boulet de vingt-quatre dans le sac avec Shakings.

— Vraiment! Alors je puis vous dire que vous êtes aussi coquin que peut l'être un drôle dont le tour n'est pas encore venu d'être pendu; achevez votre grog, et montrez-nous les talons. »

Peu de temps après la mort du pauvre Shakings, la guerre vint apporter ses distractions à notre douleur, et Grand-papa fut envoyé à Halifax, chargé d'escorter une prise. Il avait ordre de rejoindre notre vaisseau dans la baie de New-York. Notre bon ami, s'étant acquitté de sa mission en remettant sa prise aux autorités d'Halifax, prit son passage sur un paquebot anglais, et nous le reconnûmes lorsqu'il arrivait heureusement au port. Quelques heures après nous vîmes venir le bateau-pilote, et, quoique la nuit fût déjà noire, tous les jeunes aspirants accoururent sur le pont afin d'y recevoir leur digne camarade.

Nous étions en octobre, et le vent soufflait du nord-ouest, de sorte que le vaisseau mouillait entre Staten-Land et Long-Island. En conséquence, le bateau-pilote marchait sur nous vent arrière. Entraîné au delà du vaisseau, il fut forcé de serrer le vent le plus près possible, afin de nous élonger dans une situation parallèle, et en ce moment la grande voile fut baissée, comme on devait s'y attendre; mais il fut facile de voir qu'il s'était passé quelque chose d'extraordinaire, puisque le bateau tourna sur sa quille et s'éloigna au lieu de nous aborder. Le flot l'entraîna pendant quelques minutes, et lorsqu'il revint nous apprîmes, à notre inexprimable douleur, que le bâton du foc avait frappé notre pauvre ami et l'avait précipité hors du bateau. Embarrassé dans sa grande capote, dont les poches étaient remplies des lettres que le paquebot avait apportées d'Angleterre pour nous, il essaya en vain de s'accrocher au bateau, et retomba au fond de la mer!

VI.

Un singe à bord.

Entre tous les animaux, le chien est naturellement le favori de l'homme. Cependant un chien, avec toute sa familiarité, est une espèce de compagnon égoïste; car il réserve, en général, toute sa sociabilité pour son maître ou pour le domestique de son maître, qui est chargé d'en avoir soin, ou pour l'ami de son maître, qui l'accompagne aux champs. Pour tout autre, le chien est non-seulement froid, mais souvent encore grondeur et impertinent. Ce serait peu de chose que tout cela, il est vrai, s'il n'existait pas malheureusement un proverbe qui a occasionné peut-être plus de querelles, de duels et autres événements contraires à la charité qu'aucune autre cause de dispute au monde. « Qui m'aime aime mon chien, » dit ce proverbe batailleur, qui signifie en d'autres termes : « Si vous battez mon chien, je vous battrai. » Et en effet, si les coups ne s'ensuivent pas, ce sont des mots qui ne blessent guère moins l'honneur, et qui à la longue finissent par faire battre deux braves guerriers.... pour quelque chien hargneux.

C'est pourquoi un chien deviendra rarement le favori d'un équipage; car il est tellement dans sa nature d'être exclusif dans ses faveurs, qu'une meute entière ne pourrait procurer à bord la dixième partie de l'amusement qu'on trouve avec un seul singe. Je m'arrange donc pour n'être jamais sans un singe sur le navire que je commande, afin de ne pas laisser mes matelots sans quelque joyeuse et innocente distraction. Si cela dépendait de moi, il y aurait même tous les jours sur les « listes de l'amirauté, » une place et une ration pour le singe du vaisseau, ration entière même, excepté de grog, parce que, quelque drôle que soit un singe ivre, il y a mainte bonne raison qui défend de l'exposer aux suites d'une orgie.

Le capitaine a quelquefois besoin de toute sa fermeté pour établir régulièrement Jocko à bord. Le premier lieutenant, qui est ou qui doit être une espèce de demi-dieu sur mer, se montre assez volontiers peu favorable à tous les favoris du règne animal. On l'entend souvent envoyer au diable toute la classe des perroquets, des écureuils, des lapins, des pigeons, des chiens, des chats, et, je suis honteux de le dire, il étend quelquefois ses anathèmes jusque sur les dames passagères!

Lorsque lord Melville, alors premier lord de l'amirauté, me remit, à ma grande surprise et à ma grande joie, une commission de capitaine pour un vaisseau qui mettait à la voile pour l'Amérique du sud, ma première pensée fut de demander à un ami, à M. Nutland : « Où me procurerai-je un coquin de singe? »

M. Nutland se mit à rire : « Vous pouvez, me dit-il, en acheter toute une cargaison dans le quartier d'Exeter-Change.

— En effet! » m'écriai-je; et je courus chez le fameux marchand d'animaux, M. Cross, qui non-seulement me promit de me choisir un de ses singes les mieux dressés, mais encore m'offrit de le faire transporter à Portsmouth, et alla ainsi au-devant d'une difficulté qui ne m'eût pas peu embarrassé. L'idée d'emmener un singe en chaise de poste, si j'avais voyagé en chaise de poste, n'était pas très-agréable; et il était évident que, si je partais en diligence avec Jocko, un pareil compagnon, soit dans l'intérieur, soit sur l'impériale, m'aurait bientôt brouillé, par ses tours, avec les autres voyageurs. Je fus curieux de voir comment M. Cross me tirerait de ce dilemme, et je vins, quelques jours après, assister moi-même à l'expédition de mon acquisition nouvelle. Après maintes grimaces et de violents efforts, Jocko fut emballé dans une caisse de sapin, dont le couvercle fut cloué avec soin. Cette caisse était percée d'un certain nombre de trous qui n'étaient pas assez larges pour que notre prisonnier pût y passer la patte, mais suffisaient pour lui donner de l'air et lui permettre de voir ce qui se faisait dans le monde extérieur. En cet état, le pauvre Saint-Iago, comme mes matelots le surnommèrent depuis, fut juché sur le *stage-coach*, de Londres à Portsmouth, et me parut si malheureux, que je me repentis de ma cruauté son égard.

Il partit cependant, et n'ayant eu pour toute provision que quelques noix, il était dans une excellente veine d'appétit pour déjeuner le lendemain matin, lorsque le batelier de la douane l'apporta sur le navire où les officiers venaient de s'assembler. Comme l'ordre de mettre à la voile n'était connu que depuis quelques jours, nous avions encore peu de matelots embarqués ; mais ils ne tardèrent pas à accourir, et j'ai quelquefois attribué leur empressement à l'attraction de l'amusant personnage que j'avais emmené de Londres : car sa réputation se répandit bientôt dans le port.

Pour vous faire connaître un singe de marine, je ne dirai pas tous les tours bien connus dont un singe régale les matelots et les passagers. Celui-ci, comme tout autre, prenait l'écheveau de fil de voile et le déroulait d'un bout à l'autre; il volait le sifflet d'argent du contre-maître et le laissait tomber du haut du bossoir, ou il s'introduisait dans la cabine du capitaine, déchirait ses lettres en morceaux, etc. Un des grands plaisirs de Jocko était d'épier quelqu'un de l'équipage qui serrait ses hardes dans son sac; quand cette opération d'ordre était terminée, et que le matelot s'éloignait, Jocko se glissait à son tour près du sac, en dénouait les cordes, l'ouvrait, en tirait toutes les nippes l'une après l'autre, les approchait de son nez, les froissait et les jetait pêle-mêle sur le pont humide. Il était assez amusant d'observer que, chaque fois qu'il nous jouait ce mauvais tour, il semblait avoir non-seulement la conscience de sa faute, mais encore la certitude de gagner un bon châtiment pour ses peines. Cependant le besoin de mal faire était si vif et si habituel en lui, qu'il semblait incapable de résister à la tentation, et qu'il exprimait tour à tour par ses petits cris son contentement de lui-même et le sentiment de sa peur, jusqu'à ce que le propriétaire du sac s'élançât sur lui, moins furieux peut-être contre Jocko que contre ses malicieux camarades, qui encourageaient le singe au lieu de l'interrompre.

Mais tout cela n'était rien, comparé aux tours que nos joyeux matelots lui apprenaient à jouer aux braves soldats de marine. Je ne sais comment ils s'y prirent pour faire son éducation sur cet article, mais l'antipathie qu'ils parvinrent à lui inspirer contre les habits rouges n'était comparable qu'à la haine naturelle du chien et du chat.

C'était chaque jour un nouveau sujet de querelle, une nouvelle méthode d'attaque. Quelquefois Jocko se contentait de leur faire une grimace dédaigneuse, de leur mordre les talons, de tacher leurs belles culottes de parade, et de répandre la poudre de leurs cartouches sur le pont, délits qu'il était sûr d'expier sous les coups de canne du sergent à qui la plainte était portée. Dans ces occasions, les matelots riaient de bon cœur en voyant leur ami Jocko, châtié par le sergent, mettre les mains derrière le dos, et se frotter douloureusement le *siége d'honneur*, de sorte que, s'il avait seulement considéré la chose en politique, il aurait bientôt vu qu'il n'y avait pas de grands avantages pour lui dans cette alliance offensive et non défensive avec les matelots contre les soldats. Quelquefois il paraissait cependant comprendre toute l'absurdité de sa position; battu par ses ennemis, moqué par ses amis, il lui arrivait de se retourner tout à coup vers ces derniers, la bouche ouverte : mais, pour prix de cet accès de mutinerie, il recevait un bon coup sur le nez, qui balançait et au delà la douleur qu'il ressentait à l'autre extrémité de sa personne, — double occupation pour ses deux mains, nouveau motif pour rire à ses dépens. Bref, le pauvre Saint-Iago recevait à la lettre ce qu'on appelle la monnaie de singe, savoir plus de coups que d'argent.

Avec le temps, Saint-Iago, grâce au plus sévère, mais au meilleur des maîtres, l'expérience, devint plus habile dans l'art de la guerre et de la diplomatie à bord; il fut aussi plus redoutable pour les soldats, et réussit assez bien à se mettre à l'abri de la canne impitoyable du sergent. Un des amusements des matelots était de le placer en sentinelle sur la lisse du gaillard d'avant, avec un anspect ou barre de guindeau. Cette pique était tout ce que Jocko pouvait porter, et trop lourde surtout pour qu'il pût la lancer comme un javelot contre les habits rouges; cependant il apprit bientôt un moyen de s'en servir, qui ne laissa pas d'être très-désagréable à l'ennemi. En théorie, le pauvre Jocko ne connaissait pas plus les lois de la gravitation que ses amis les matelots ne connaissaient celles des forces centrifuges lorsqu'ils jetaient le plomb de sonde à la mer; mais, sans tant de science, le singe et ses alliés comprirent que, si on laissait tomber du haut de l'échelle de gaillard une barre de guindeau sur quelqu'un qui en descendait ou s'apprêtait à y monter, la barre écorcherait inévitablement la peau du talon ou du cou-de-pied de l'individu atteint à l'improviste. A peine Jocko avait-il ainsi lâché sa barre, que, se fiant aux lois de la gravitation pour le reste, il s'élançait sur la proue du grand canot, s'y asseyait, le cou tendu, les yeux hors de la tête, et montrait toutes ses dents, qui se choquaient les unes contre les autres, avec le bruit d'une paire de castagnettes dans un boléro, exprimant à la fois la crainte d'être puni et la joie du succès. Pendant ce temps-là, le blessé se frottait les chevilles, et se répandait en imprécations qui ne faisaient qu'attirer autour de lui un grand nombre de témoins riant de sa mésaventure avec le coquin de singe.

Je me souviens qu'un soldat de marine, garçon très-leste, et à qui ce tour avait été joué, saisit un jour le bout de la drisse de la grande voile d'étai, et, avant que Jocko se doutât de rien, lui en appliqua à travers les oreilles un coup que l'animal malicieux n'oublia et ne pardonna jamais. Le lendemain, Jocko se blottit derrière les pompes jusqu'à ce que le soldat vînt à passer; il s'élança alors, et le saisissant au gras de jambe, il ne lâcha prise, malgré les coups de pied et les coups de poing, qu'après avoir enfoncé ses dents au milieu de cette partie du mollet que le sous-aide-chirurgien, dans l'orgueil de son savoir anatomique, appela les *muscles gastro-cnémiens*. Le soldat de crier : « Au meurtre! à l'assassin! » Ses cris firent venir à son secours ses camarades et plusieurs matelots, à travers les jambes desquels Jocko parvint à se sauver. On ne le vit plus de deux ou trois jours, au bout desquels une sorte d'armistice fut proclamé entre les bleus et les rouges du vaisseau, armistice qui fut d'autant mieux observé pendant quelque temps par les deux factions, que les autorités supérieures leur firent entendre que, puisqu'elles avaient assez de loisir pour se permettre la guerre entre elles, il serait possible d'assurer la paix en leur imposant quelques travaux additionnels.

Mais Jocko, semblable à une des petites puissances de l'Europe, dont le sort est réglé par les protocoles de ses voisins les géants politiques, n'était pas compris dans ces traités, et ayant une fois goûté les délices de la vengeance, il ne put s'empêcher de mordre encore à belles dents. Il ne s'attaqua plus en cette occasion aux habits rouges; il osa affronter un de ses plus anciens amis, le capitaine du grand mât en personne. C'était la saison des chaleurs; notre équipage, à l'ordinaire, dînait sur le pont; le grog avait été servi, et les heureux matelots commençaient à humecter leurs lèvres avec leur breuvage chéri, lorsque M. Jocko, toujours poussé par sa vocation malfaisante, et incapable de rester longtemps sans s'exposer à de dures représailles, aperçut sur les écoutilles le pot à grog de la table du capitaine du grand mât. Il se mit à rôder à l'entour, comme s'il eût cherché un morceau de pain, et détournant toujours la tête du véritable objet de ses recherches, de manière à ne laisser soupçonner son dessein à personne. Parvenu auprès du pot fatal, le cœur lui manqua, mais non la malice ; car Jocko était le beau idéal de ce caractère dont parle le satirique Junius, qui, « n'ayant pas le courage de résister au désir de commettre une mauvaise action, a tout juste encore assez de vertu pour en avoir honte. » Quel que fût, au reste, le motif qui agissait sur Jocko, il s'assit un moment, grommelant, criant et tremblant, comme si la canne du sergent eût été à deux pouces de ses reins.

« Qu'avez-vous, mon bon monsieur Saint-Jacques? dit le capitaine du grand mât, s'adressant familièrement au singe; qu'avez-vous? Personne ne vous veut de mal ici : nous sommes tous des matelots et des amis; il n'y a pas un seul soldat à deux pas de vous. »

Mais déjà le coquin, ayant rassemblé ses forces, saisit le pot à grog dans ses bras, et du premier bond alla se placer loin de la portée des matelots stupéfaits de ce trait d'audace. Jocko était trop agité toutefois pour exécuter ce tour avec son adresse ordinaire, et une partie du délicieux nectar fut répandue sur le pont.

« Scélérat de singe! s'écria le capitaine du grand mât, rends ce que tu as pris; ou je te jette ce couteau à la tête. » La menace fut aussitôt exécutée que prononcée; et, si le singe n'avait baissé la tête fort à propos, sa croisière était finie. En voyant passer devant ses yeux l'éclair de la lame, il oublia complétement ce qu'il tenait dans ses bras, et le laissa tomber en sautant sur les vergues. Le vase fut arrêté un moment dans sa chute par la vassole d'écoutille, et alla rouler dans le poste des malades, au grand étonnement de l'aide du contre-maître, franc buveur, qui, familier avec toutes sortes de libations, déclara qu'il n'avait pas encore, jusqu'à ce jour, vu verser le grog en douches.

Tous les matelots, furieux, se lèvent. « Attrapons le singe! » fut le cri général; et l'on vit en quelques secondes tout l'équipage rassemblé sur le pont, y compris le coq avec son écuelle, et son marmiton avec son soufflet. Jocko grimpa au mât de misaine avant qu'un seul des matelots qui voulurent y grimper après lui eût seulement dépassé les six premières enfléchures des agrès. Les officiers d'accourir, croyant, d'après tout ce bruit, qu'un homme se noyait; mais ils furent bientôt détrompés par les nombreux éclats de rire qui s'élevaient de toutes parts.

Pendant quelques instants, Jocko s'assit sur le chouquet du grand mât. Six matelots parvinrent au chouquet du mât de hune, deux autres au grand étai de misaine, et quatre ou cinq autres aux haubans du mât de hune, pour lui couper la retraite dans cette direction. Enfin un gaillard des plus lestes s'élança des agrès au mât de perroquet, et, se laissant glisser le long des espars bien graissés, tomba presque sur la tête du fugitif. Il était urgent que celui-ci cherchât une nouvelle position. Il passa donc au palan de bout de vergue. L'aide-canonnier avait prévu cette manœuvre, et s'était déjà posté près du cercle de boute-hors avec une garcette à la main, presque sûr de faire le coquin prisonnier. Mais comment imaginer qu'un aide-canonnier puisse attraper un singe? La lutte entre eux serait le pendant de la fable du lièvre et de la tortue. Jocko avait vu venir l'homme à la garcette, et déjà il était assis sur la bouline du grand mât de hune, aussi tranquille qu'il eût pu l'être sur une branche de cocotier, aspirant la brise de mer, dans son île natale du cap Vert. De là Jocko monta plus haut encore, et se promena d'un air délibéré le long des gabions du grand mât; puis, comme pour se divertir ou forcer ceux qui le poursuivaient à l'admirer malgré leur fureur, il fit un saut périlleux du martinet d'artimon jusqu'à la drisse de pic. Ce fut là qu'il s'arrêta, riant de la vaine chasse donnée par cent cinquante matelots ou mousses à un seul singe!

Les matelots ne sont pas hommes à abandonner légèrement une poursuite; mais au bout d'une heure ils s'avouèrent rendus de fatigue, et Jocko fut pardonné par acclamation unanime. Le capitaine du grand mât cependant, deux jours après, plutôt pour plaisanter que par rancune, s'étant avisé de pincer l'oreille à Jocko, l'animal lui prit le pouce et le mordit si fort que le marin fut obligé de s'adresser au docteur. Quand le chirurgien m'en eut fait part, je pensai que mon ami quadrumane devenait trop libre ou qu'on prenait trop de liberté avec lui, et j'ordonnai qu'à l'avenir on cessât de le tourmenter. Néanmoins Jocko trouva moyen de mordre encore le sergent et le mousse du poste des aspirants; aussi le lendemain le chirurgien me présenta la liste des blessés d'un air fort mécontent.

« Capitaine, me dit-il, c'est un peu trop à la fin; voilà sur ma liste trois blessures qui sont le fait de cette infernale bête.

— Trois! répondis-je, furieux moi-même de ma folie aussi bien que de la méchanceté de mon singe, et du ton qu'avait pris le docteur. Qu'on m'envoie ici immédiatement Black le contre-maître. » Black vint.

« Black, lui dis-je, n'est-ce pas vous qui avez soin du singe?

— Oui, capitaine, vous m'en avez chargé.

— Eh bien! pourquoi ne l'empêchez-vous pas de mordre les hommes du bord?

— Je ne puis empêcher cela, monsieur.

— Non? eh bien! qu'on en finisse avec lui. Le voilà sur la galerie de cale, poussez-le à la mer. Je ne veux pas que les gens de l'équipage risquent ainsi d'être blessés ou tués par un singe. A la mer, vous dis-je. »

Le contre-maître alla à la galerie et prit l'animal effrayé dans ses bras; de son côté, le pauvre Jocko, semblant pressentir son malheur, étendait ses propres bras sur le sein nu du matelot, comme pour implorer sa pitié. Le vieux contre-maître, qui avait tout l'air d'être près de pleurer, m'adressait un regard suppliant de dessous son chapeau de paille, pendant que j'allais et venais sur le pont, encore piqué du reproche semi-officiel du docteur. Comme je vis qu'il avait quelque chose à me dire, je lui demandai enfin s'il s'agissait de quelque proposition relative à son ami Jocko. Ma question annonçait déjà un sursis, et je vis le front du vieux maletot s'éclaircir; puis, après avoir hésité et bourdonné une minute, il me dit :

« Tout cela vient, monsieur, de ses deux grandes dents; si on les lui arrachait, il serait doux comme un agneau.

— Vraiment, Black? répondis-je; tout ce que je veux, c'est que tous les hommes de l'équipage ne soient pas successivement sur la liste des blessés par le fait de votre maudit singe; mais, si vous préférez lui arracher ses deux mauvaises dents de sanglier, je consens à le laisser vivre. »

Jamais sursis obtenu au pied de la potence n'avait été accueilli avec plus d'acclamations par les amis d'un condamné que ne le fut cette commutation de peine par les camarades de Saint-Iago. Les soldats de marine eux-mêmes, quoique essentiellement prévenus contre lui, se montrèrent enchantés, et j'entendis le factionnaire de ma cabine qui disait : « Je savais bien que le capitaine estimait trop son singe pour lui faire aucun mal. »

Aucun mal! en vérité! Je ne sais trop si le pauvre Jocko regardait l'alternative comme une faveur. A tout événement, ses amis paraissaient fort embarrassés pour remplir la condition qui le sauvait du supplice de la noyade, car je les vis tenir gravement conseil sur la meilleure manière d'arracher les dents au singe.

« Qui le tiendra? » dit l'un d'eux.

Point de réponse. C'était la répétition du vieux conte où il s'agit d'attacher les grelots au chat, et il n'y avait pas de rat assez hardi à bord pour faire cette expérience sur un singe de belle taille, très-capable de défendre sa mâchoire en animal qui savait mordre.

« Supposons même, dit le contre-maître, que nous puissions garrotter la pauvre bête; comment arracher ces grosses dents sans risquer de lui briser tout le râtelier? »

Nouveau silence.

« J'ose dire, s'écria enfin un matelot, que l'aide-chirurgien, qui est un brave jeune homme, nous donnera un avis là-dessus. »

Une députation des amis du singe fut donc envoyée à l'aide-chirurgien, avec une humble pétition pour le supplier de vouloir bien prêter son savoir chirurgical, et sauver la mâchoire, peut-être la vie, d'un des plus amusants vagabonds qui fussent au service de Sa Majesté le roi de la Grande-Bretagne.

Heureusement l'aide-chirurgien n'était pas de ces petits médicastres qui, aussi sots qu'ignorants, croient devoir appeler l'étiquette de la profession au secours de leur prétendue dignité. C'était au contraire un jeune homme instruit, qui ne se croyait obligé par son état qu'à être utile, et qui même portait si loin l'amour de l'art, qu'il ne voulut voir dans cette opération nouvelle qu'une occasion de l'exercer; il venait d'ailleurs de se verser un verre de grog qui l'avait mis en bonne humeur quand la députation arriva.

« Êtes-vous bien pressés? demanda-t-il.

— Oui, monsieur, répondit l'orateur de la troupe; il n'y a pas de temps à perdre : car le capitaine, qui est furieux, dit que, si nous n'arrachons pas les dents du singe, il faut le jeter à l'eau avant une heure.

— *Arracher* n'est pas le mot, mon brave; c'est *extraire* qu'il faut dire, mais, n'importe, je vous suis; » et en quelques minutes on vit arriver le jeune Esculape.

« Un moment, mes braves, s'écria-t-il; comment voulez-vous que j'opère cet animal si on ne le tient pas? et qui le tiendra?

— Je donnerai un coup de main, dit l'un.

— Et moi aussi, et moi aussi, » répondirent les autres. Mais on avait trop vite oublié la difficulté de la chose. Jocko se douta en partie de ce qui le menaçait, et se révolta de manière à épuiser tous les efforts des matelots, pendant que le jeune docteur répétait en riant qu'il serait prêt aussitôt que le patient daignerait se soumettre à l'opération. Le hasard voulut que la veille une rafale ayant déchiré notre foc, les voiliers occupés à le remplacer par une voile neuve demandassent de la toile à voilure. En voyant passer le paquet qu'on leur portait, un matelot se mit à dire : « Pourquoi ne roulerions-nous pas Jocko dans la vieille voile comme une momie? C'est ainsi qu'en usaient, dit-on, les Égyptiens avec leurs chats favoris, du temps de Moïse et des sept plaies. »

Cette citation *historique* fut mise à profit, et le malheureux Saint-Jago del Cabo Verde fut emmaillotté de manière que l'on ne voyait plus de toute sa personne que sa tête grimaçante. Pendant ce temps-là, le docteur avait eu le temps de réfléchir que ce serait un acte de cruauté inutile d'extraire les deux dents de Jocko, et qu'il suffirait d'en briser les pointes. Il changea donc sa clef de Garengeot contre une paire de pinces, et réussit à mettre le singe hors d'état de mordre, sans lui faire grand mal. Mais l'animal n'en éprouva pas moins un violent accès de rage, et à peine délivré de la voilure qui le privait de l'usage de ses pattes, il courut aux écoutilles, et, y rencontrant le sergent déjà mordu, il lui saisit la main pour le mordre encore. Le soldat levait par instinct sa canne en l'air; mais on lui cria : « Arrêtez, arrêtez; Jocko ne peut plus mordre; ne le battez pas! » En effet, Saint-Iago eut beau serrer, il ne put faire aucune entaille sur le poing calleux du vétéran, et y renonça enfin pour aller se cacher tout honteux, poursuivi des éclats de rire de l'équipage.

Lorsque nous fûmes de retour en Angleterre, je fis cadeau de mon singe au contre-maître, qui lui fit faire tant de tours devant les curieux du port, qu'un juif crut pouvoir lui offrir une somme dont la séduction fit encore changer de maître à Saint-Iago. Le juif sans doute ne faisait qu'une spéculation commerciale, et il ne garda pas longtemps le singe, qui, de spéculateurs en spéculateurs, retourna dans son ancienne ménagerie de Londres, après trois ans d'absence. Quelque temps après mon débarquement, j'accompagnai des amis chez M. Cross et nous nous amusions à regarder les divers animaux dans leurs cages, lorsqu'un singe fit un tel tapage derrière les barreaux de la sienne, qu'il attira l'attention de tout le monde, entre autres celle du gardien de l'établissement.

« Cet animal paraît vous connaître, monsieur, » me dit-il; et m'étant approché, je reconnus en effet moi-même mon coquin de singe, qui m'adressait une grimace d'amitié. J'avoue que je sentis un léger remords en apercevant ses dents ébréchées, pendant que le pauvre animal me tendait la patte avec l'air d'une parfaite réconciliation.

Un autre de mes singes finit d'une manière plus tragique et dans une autre partie du globe. J'avais le commandement de *la Lyre*, et en revenant de la Chine, nous rendant à Calcutta, nous touchâmes aux îles Philippines, où, entre autres bêtes, je fis l'acquisition d'un singe grand voyageur; car on nous assura qu'il était né à Ténériffe, qu'il avait été élevé à Cadix, et avait vu l'océan Pacifique, Lima, Acapulco, Manille, etc., etc. Nous lui fîmes achever son tour du monde en lui faisant voir Malacca et Poolo Penang, le Bengale, Calcutta, Madras, l'île de France, le Cap et enfin Sainte-Hélène, du temps où y résidait le grand ex-empereur.

Ce singe distingué différait du dernier, dont j'ai raconté les aventures, par son goût particulier pour les soldats de marine, qui le caressaient volontiers, et même profitaient de sa bonne volonté pour jouer quelques tours aux matelots; mais ceux-ci se promirent bien de s'acquitter envers eux, capital et intérêts.

Chaque dimanche, les hommes du vaisseau sont rangés en bataille, par division, de chaque côté du pont, chaque soldat et chaque matelot bien propre et rasé, les soldats surtout cherchant à briller par l'éclat de leur uniforme rouge. Quand tous ont répondu à l'appel, le capitaine fait son inspection des hommes et des armes. Un jour que je venais de parcourir ainsi tous les rangs sans avoir découvert une tache, je m'arrêtai devant une figure dont la première vue m'embarrassa un peu. C'était notre singe le grand voyageur, vêtu en soldat de marine et planté debout en faction sur l'échelle de la galerie. Son uniforme était complet, et on lui avait mis sous la mâchoire un col en cuir de pompe, si roide, si serré, qu'il tenait forcément la tête immobile. Son menton et ses joues avaient été rasés, et il n'y restait qu'une paire de moustaches et des favoris. Enfin une queue ajoutait encore quelque chose de très-comique à la physionomie de ce nouveau conscrit, dont on avait attaché les coudes, en même temps qu'on avait fixé contre son épaule gauche un des pistolets du bord, en guise de fusil.

A mon approche, je vis mon singe trembler de tous ses membres, et j'eus peine à m'empêcher de rire, pendant que mes matelots se regardaient d'un air sérieux, ne sachant comment leur commandant prendrait cette plaisanterie; mais je me contentai de dire en passant outre : « On ne devrait pas jouer de pareils tours aux voyageurs; qu'on lui rende la liberté. » Un matelot, ouvrant son couteau, coupa la corde qui attachait le singe espagnol à l'échelle et le laissa aller. Mais, par malheur pour la gravité des officiers et pour celle de l'équipage, Jocko se sauva du côté des soldats de marine, et se posta juste au front du corps, sans se douter du ridicule qu'il provoquait aux dépens de ses amis. Ceux-ci ne purent s'empêcher de trouver la chose risible, et une gaieté assez bruyante signala la fin de cette inspection.

Ce fut un ou deux jours après que notre singe, encore occupé de se gratter le menton, aperçut le docteur qui procédait à quelque composition chimique; curieux comme devait l'être un voyageur tel que lui, il se glissa en tapinois dans la pharmacie, et observa attentivement la manière dont on s'y prenait pour faire une pâte médicale. Au moment où le docteur venait de diviser sa matière en cinq parties, destinées à former chacune douze pilules, quelqu'un l'appela, et il alla du côté de l'écoutille. A peine avait-il le dos tourné que le singe sauta sur la préparation, la mit tout entière dans sa bouche, et courut s'asseoir sur une vergue pour y déguster son butin à son aise.

Le premier mouvement du docteur fut de se fâcher du vol de son médicament, le second, de s'alarmer pour l'animal qu'il voyait sur le point de s'empoisonner. Il accourut sur le pont, en manches de chemise, sans chapeau et sa spatule à la main, au grand scandale de l'officier de quart :

« Saisissez-vous du singe, cria le docteur, et ôtez-lui de la bouche la pâte qu'il m'a volée. »

Les matelots de rire, croyant que le docteur perdait l'esprit.

« Ne riez pas, répéta le bon docteur, le singe a entre ses dents plus de cent grains de calomel, et, si on ne les lui ôte, il crèvera certainement. »

On comprit enfin le docteur, et chacun de courir après le singe ; mais le drôle, après avoir avalé en une première fois vingt-quatre grains de calomel, sauta sur le mât de perroquet, où il en avala vingt-quatre autres. Les efforts redoublèrent pour s'emparer de lui ; mais, au moment où le contremaître le saisissait par la queue, il venait d'engloutir dans son estomac la dernière dose.

Tous les antidotes que nous avions sous la main furent vainement employés; Jocko mourut après d'atroces souffrances. Il perdit d'abord l'usage de ses membres, puis il devint aveugle, puis paralytique; enfin, au bout de quatre jours, il était dans un tel état d'agonie que je crus faire un acte d'humanité en ordonnant qu'on terminât ses angoisses en le jetant à la mer. Cet ordre fut exécuté un jour que nous avions bon vent, et que nous filions sept à huit nœuds par heure. Bientôt après survint le calme, et le lendemain le vent, tournant à l'est, nous repoussa à plus de cinquante lieues du point où nous nous dirigions. Nous restâmes en mer assez longtemps pour être forcés de réduire beaucoup notre ration journalière d'eau et de provisions. Les matelots ne manquèrent pas de dire que notre voyage se fût continué heureusement si nous avions laissé mourir le singe, au lieu de hâter sa fin en le jetant à la mer. J'ignorais encore cette superstition, que je ne croyais applicable qu'aux chats.

VII.

Histoire de Jeanne.

Sur le même vaisseau, et pendant notre voyage en Chine, nos matelots avaient un autre animal favori et d'une espèce singulière : rien moins qu'une truie, autrement dite *un grognon;* je ne crois pas que jamais favori ou favorite aient été plus chéris pendant leur vie, plus regrettés après leur mort.

Lorsque nous fîmes voile d'Angleterre, six petites truies, d'une très-belle espèce, avaient été embarquées à bord de *la Lyre* par mon steward[1]. Dans le cours du voyage, il y en eut cinq qui tombèrent sous les mains impitoyables du boucher; mais la sixième, d'une forme plus gracieuse que ses sœurs, étant tenue aussi propre qu'un bichon de dame, eut la permission de courir sur le pont parmi les chèvres, les moutons, les singes et les chiens de notre petite arche. Deux ou trois rafales que nous essuyâmes au large du cap de Bonne-

1. Commis aux vivres, maître d'hôtel.

Espérance, et l'entrée peu cérémonieuse de diverses lames d'eau, balayèrent dans la mer presque toute notre ménagerie vivante, excepté cette truie, connue de l'équipage sous le nom amical de Jeanne.

Pendant le mauvais temps que nous eûmes au large du banc d'Aguilhas, Mme Jeanne fut arrimée dans la chaloupe sur les porte-manteaux placés entre les deux gaillards, et là on ne l'entendait que trop encore; mais on ne la voyai plus. Quand nous virâmes de bord vers le nord et retrouvâmes les vents alisés dans la direction du détroit de Sunda, par où nous nous proposions de gagner la mer de Java, Mme Jeanne eut de nouveau la permission de redescendre. Il fallait voir comme elle était heureuse, la pauvre Jeanne, d'échanger la réclusion de la chaloupe contre la liberté d'aller et de venir sur le pont.

Dans les latitudes chaudes, les matelots prennent généralement leur repas sur le pont; c'était pour Jeanne un amusement et une affaire à la fois de venir croiser parmi les plats du bord, plongeant son museau dans tous les sacs à pain et très-souvent se brûlant la langue dans les gamelles de soupe. De temps en temps, les matelots, pour lui montrer toute leur affection, se plaisaient à lui verser une gorgée de grog dans le gosier. Je ne l'ai jamais vue complétement ivre cependant, que deux fois, et dans ces occasions elle se conduisit comme on devait s'y attendre, à peu près comme se conduit tout être humain qui s'est mis dans le cas de se faire appliquer la comparaison proverbiale[1]. Soit l'effet de ce régime intérieur, soit grâce aux continuelles frictions que les matelots lui faisaient subir avec du sable et des brosses, Jeanne prospéra merveilleusement et devint de jour en jour plus impudente et plus importune à l'heure du dîner. J'avais bien remarqué cette familiarité, mais je ne savais pas jusqu'à quel degré d'estime Jeanne était parvenue, lorsqu'un jour que nous étions dans la mer de Chine, et que toute notre provision de moutons, de poulets et de canards était épuisée, je dis au steward : « Eh bien, tuez la truie, qui pourra nous conduire jusqu'à Macao. »

Le steward resta quelque temps à se gratter la tête et à jouer avec son pied en marmottant quelque chose.

« N'entendez-vous pas? lui dis-je; tuez la truie; donnez-nous-en le foie aujourd'hui, la tête en guise de soupe de tortue demain, et faites rôtir un des quartiers samedi. »

Il se retira, mais au bout d'une demi-heure il revint, sous quelque prétexte, et me dit : « N'avez-vous pas dit qu'il fallait tuer Jeanne, monsieur?

1. Soûl comme une truie.

— Jeanne! qui est Jeanne?... Ah! je me souviens, la truie? Oui, certainement : pourquoi tant d'embarras et de paroles pour tuer un porc?

— L'équipage, monsieur.

— Eh bien? qu'est-ce que l'équipage trouve à redire à mon porc?

— Les matelots aiment beaucoup Jeanne, monsieur.

— Ah! ils l'aiment; eh bien?

— Eh bien! monsieur, ils seraient bien reconnaissants si vous vouliez ordonner qu'on ne la tuât pas! C'est une favorite, monsieur, et elle vient à eux quand ils l'appellent par son nom, comme un chien.... Ils lui ont appris à ne pas se promener en arrière du grand mât; si vous voulez seulement l'appeler, vous verrez que je dis vrai.

— En vérité, je vais en faire l'essai; et je pris mon chapeau.

— Dirai-je au cuisinier de la lâcher? demanda Capwell.

— Sans doute, m'écriai-je, sans doute! »

Le steward partit comme un trait.

Je reconnus bientôt l'effet de la nouvelle du sursis accordé à Jeanne en n'entendant plus les horribles cris qui précèdent l'exécution de cette race de quadrupèdes : ces cris cessèrent aussitôt qu'on eût coupé la corde qui liait déjà les jambes de la pauvre truie.

En arrivant sur le pont, je racontai ce qui venait de se passer à l'officier du quart, et je crus voir au ton de sa réponse qu'il ne m'approuvait guère. J'appelai cependant : « Jeanne! Jeanne! » et dans un instant la truie enchantée accourut en gambadant. Elle se montra même si empressée de répondre à ma voix, comme pour me remercier de sa grâce, qu'elle accrocha le talon de l'officier, qui serait tombé si je ne l'eusse retenu.

« Vous voyez, capitaine, me dit-il, ce que nous vaut votre complaisance pour de pareils caprices. »

Je ne répondis pas, et je me contentai de prévenir par la suite mes amis de prendre garde à leurs pieds lorsque Jeanne était appelée à l'arrière du vaisseau, ce qui, je l'avoue, arrivait souvent; car il n'y avait pas moyen de ne pas montrer aux étrangers la gentillesse d'une semblable favorite. Pour les Chinois surtout, Jeanne devint un objet de vive admiration. Les natifs du céleste empire reconnurent bientôt dans la plus heureuse des truies la célèbre race de leur pays, et il me fut plus d'une fois insinué que ce serait un présent fort bien reçu; mais je fis la sourde oreille, car je sentais que Jeanne appartenait désormais bien plus à l'équipage qu'à moi, et j'étais en quelque sorte obligé de m'abstenir de la donner ou de la manger.

Sous cette garantie, Jeanne crut si rapidement

en taille, en graisse et autres perfections, qu'à notre retour en Chine, après avoir visité Loo Choo et les autres îles de la mer du Japon, les membres de la factorerie avaient peine à croire que ce monstre énorme fût le même animal. Quand je parle de la perfection de Jeanne, je ne veux pas donner à entendre que ce fût un cochon savant, car elle ne savait ni jouer aux cartes, ni résoudre des équations géométriques, ni faire aucun de ces tours qui enchantent les badauds de Londres et d'autres villes, où tant de chiens et de cochons se montrent doués d'une intelligence au-dessus de l'intelligence humaine. Loin de là, Jeanne ne savait guère que manger, boire, dormir et grogner. Sous ces rapports elle était sans rivale, et les progrès qu'elle fit dans ces qualités caractéristiques devinrent de plus en plus manifestes. D'abord, comme je l'ai dit, quand on l'appelait de quelque partie du vaisseau, elle accourait en cabriolant, et se précipitait impétueusement sur le groupe où l'on avait prononcé son nom; mais au bout de quelque temps elle devint si grasse et si paresseuse, que pour la faire remuer il fallait l'appeler plus d'une fois, et lui montrer quelque friandise. Plus tard, l'offre du fruit délicieux du mangoustan suffisait à peine pour lui faire ouvrir les yeux, elle qui, dans les premières stations du voyage, se trouvait trop heureuse qu'on voulût bien lui donner une pomme de terre. A mesure qu'elle engraissait, Jeanne perdit tout à fait la faculté de marcher, et elle se laissait apporter les bons morceaux de la table de l'équipage, au lieu de les venir chercher. Les matelots s'y prêtaient gaiement, et, quoique le seul témoignage de gratitude qu'elle donnât fût un grognement, on le recevait comme une récompense suffisante de toute la peine qu'on prenait pour elle.

Pendant que sir Murray Maxwell attaquait les batteries de Canton, *la Lyre*, dont j'avais le commandement, resta au mouillage de Macao, et notre brick y fut visité par plusieurs magistrats chinois. Nous étions aussi surveillés par une flotte de bâtiments de guerre de ce peuple, et nous avions des motifs de supposer que nous pourrions bien nous donner avec eux quelque coup de peigne. Si cet événement avait eu lieu, je crois que notre plus mauvaise chance fût venue de l'enthousiasme avec lequel l'amiral, les capitaines et les matelots chinois auraient combattu pour s'emparer de Jeanne ; car cette proie eût été pour eux un objet de cupidité préférable à tout ce que nous avions à bord, quoique déjà alors Mme Jeanne eût perdu plusieurs de ses facultés. Ses deux yeux étaient bordés de larges bandeaux de graisse qui laissaient à peine passer une ligne de lumière. Comme elle avait perdu tout pouvoir de locomotion, elle passait généralement tout le jour sur un de ses flancs, et faisait entendre son petit grognement une fois par heure pour demander à manger. A cette époque de sa béatitude, deux de ses jambes seulement touchaient sur le pont, les deux autres étant tendues horizontalement; mais ses deux jambes supérieures finirent par former avec l'horizon un angle de quarante-cinq degrés, puis les deux jambes inférieures se relevèrent aussi peu à peu, et ce fut un sujet de discussion pour les curieux de savoir sur quel côté Jeanne reposait, ainsi étendue les quatre pattes en l'air.

Les choses en étaient à ce point d'intérêt, lorsque je reçus l'ordre de lever l'ancre et de remonter la rivière de Canton jusqu'à Wampoo. Nous partîmes, escortés par douze voiles chinoises. Le vent était contre nous; mais nous fûmes bientôt à la Bogue, et passâmes sans risque devant les batteries que, selon l'expression de lord Nelson, le capitaine Maxwell avait rendues assez semblables à un plum-pudding. L'eau de l'immense rivière de Canton était aussi unie que celle du bassin de Rotherhithe (près de Londres). La rive, à droite et à gauche, est si plate que, le soleil étant superbe, quoique ce fût en hiver, nous semblions naviguer parmi des champs de riz, et presque comme si nous avions été remorqués le long d'un canal. Pas un souffle d'air, en sorte que nos voiles étaient inutiles; mais, grâce à la marée et aux bons secours des chaloupes des vaisseaux de la compagnie des Indes, nous atteignîmes notre ancrage avant la nuit. Durant cette douce navigation, le moindre mouvement que causait çà et là une bouffée de brise sortie des rizières troublait le repos (hélas! bientôt le dernier) de la pauvre vieille Jeanne.... Un faible murmure, qu'on pouvait à peine nommer un grognement, exprimait son impatience quand un câble passait trop près d'elle, ou qu'un matelot sautait par-dessus elle pour courir à la manœuvre.

Nous eûmes à peine jeté l'ancre à *Second-Bar*, au milieu de la grande flotte des navires à thé, que nous vîmes venir à bord une foule de mandarins chinois et de marchands de thé portant toutes les variétés de boutons qui distinguent chaque rang dans ce pays de classification par excellence. Ce n'était pas pour nous complimenter, pour nous offrir assistance ou pour parler d'affaires; un seul objet semblait exciter la curiosité de la moitié de la province de Quantang. La renommée de notre amie Jeanne avait fait sensation, et nous n'entendions sortir de la bouche des Chinois que ce cri d'admiration : « Haï-yah ! » Nous eûmes quelque peine le soir à nous débarrasser de ces visiteurs; car notre vaisseau fut continuellement entouré de bateaux du pays. Le motif de cet empressement n'était pas la simple admiration de Jeanne, comme nous l'avions pensé d'abord.

Lorsque le pont fut balayé le lendemain, et que deux ou trois canards morts furent jetés à la mer, nous vîmes accourir une douzaine de bateaux, qui se livrèrent un vrai combat pour se disputer ces dépouilles opimes. Nous apprîmes que telle est généralement la disette à Canton, qu'on entoure toujours ainsi les vaisseaux étrangers pour recueillir toutes les provisions qu'ils jettent à l'eau comme avariées; nous sûmes alors pourquoi nous avions été honorés de visites si empressées. Les Chinois, subtils et fins connaisseurs en chair de porc, avaient vu du premier coup d'œil que notre favorite n'avait pas longtemps à vivre; sachant que, si elle mourait de mort naturelle, nous ne penserions pas plus à la manger qu'à manger un homme de notre équipage, et ayant deviné aussi que nous n'avions nulle intention de « la tuer pour l'empêcher de mourir, » ils en avaient conclu avec raison qu'avant peu ce morceau de bonne bouche serait à la disposition de l'appétit chinois. Nos matelots, qui eurent bientôt vent de ce projet, se fâchèrent tout de bon, et ils empêchaient tous nos visiteurs de s'approcher de Jeanne, de peur qu'ils n'empoisonnassent leur bonne amie pour hâter sa fin inévitable. Enfin la pauvre chère Jeanne donna des signes d'une dissolution prochaine; elle ne pouvait plus ni manger ni boire, ni même grogner, et sa respiration ressemblait au bruit d'un soufflet crevé. Bref, elle mourut! Toutes les précautions furent prises pour cacher ce triste événement aux Chinois; mais il transpira, je ne sais comment, car tous les autres vaisseaux anglais furent abandonnés ; et, longtemps avant le coucher du soleil, une masse épaisse de bateaux, semblable à une ville flottante, se forma autour de *la Lyre*.

Les matelots tinrent conseil, et, après de grands débats sur ce qu'on devait faire, après d'éloquentes motions, il fut unanimement résolu que les restes mortels de la truie favorite seraient déposés au fond de la rivière de Canton, de telle sorte que les plus habiles et les plus affamés habitants du céleste empire ne pussent l'y repêcher. Aussitôt qu'il fit nuit, et que tous les bateaux furent repoussés comme d'usage au delà du cercle formé par les bouées du vaisseau, les amis de la défunte commencèrent les préparatifs de ses obsèques. Il s'agissait surtout d'empêcher les enfants gloutons de Foé d'entendre le bruit de la chute du corps, et puis d'empêcher le corps lui-même de revenir sur l'eau. La première difficulté fut facilement résolue, comme on va le voir; mais la délibération se prolongea davantage sur la seconde. Enfin, il fut suggéré par l'un des contre-maîtres, qui était allé le matin même sonder le passage, que, le lit de la rivière étant très-fangeux, il fallait faire plonger le corps de Jeanne assez profondément dans cette vase pour que les dragues et les hameçons des Chinois ne pussent y atteindre. Cet avis fut très-applaudi, et l'idée exécutée avec cette heureuse facilité de ressources que les hommes de notre profession ne sont pas peu fiers de ne jamais invoquer en vain, dans les petites occasions comme dans les grandes. La truie morte fut d'abord étendue sur l'échine ; deux masses de lest en fer furent ensuite fixées de chaque côté de son groin, de manière à former ce que les matelots appelèrent assez ingénieusement un groin supplémentaire pour percer la vase.

Quand cela fut fait, la caronade du milieu fut démontée sans bruit, le bordage déchevillé et le tout mis de côté. Le corps énorme de Jeanne, étant alors soulevé au moyen des barres de cabestan et des piques, fut mis de niveau avec le sabord. On passa ensuite une corde entre ses jambes de derrière, attachées ensemble par les pieds, et la pauvre Jeanne descendit insensiblement au fond de l'eau. Une fois sous la surface, lorsqu'il n'y eut plus à craindre aucune éclaboussure bruyante si on la laissait aller, on lâcha un des bouts de la corde.... Alors le cadavre s'échappa perpendiculairement avec une telle impétuosité qu'on ne pouvait douter qu'il n'eût creusé un trou d'une toise de profondeur dans la vase, et qu'il ne fût ainsi tout à fait à l'abri de la voracité des Chinois désappointés.

Ainsi vécut, ainsi mourut, ainsi fut ensevelie notre amie Jeanne.

VIII.

Une punition à bord.

L'histoire de Jocko et celle de Jeanne m'ont fait confondre l'ordre des temps. Je reviens à présent au *Léandre*, où je servais en qualité de midshipman.

Le 8 janvier 1804, nous mîmes à la voile d'Halifax, et, après une traversée longue et ennuyeuse, nous arrivâmes à Bermuda[1]. Le passage des glaces d'un hiver de la Nouvelle-Écosse, où le mercure était ordinairement au-dessous de 0, à une température de 25 ou 30 degrés, fut excessivement agréable à ceux dont la constitution pouvait supporter impunément sans transition une si grande élévation du thermomètre. Après quelques jours de séjour à Bermuda, nous partîmes pour les États-Unis, où nous fûmes gelés presque autant qu'à

1. Le groupe des îles des Bermudes ou *Somers' islands* comprend environ deux cents îles ou îlots, dont les plus considérables sont l'île Bermuda ou Mainland, et, après Bermuda, les îles Saint-Georges, Saint-David, Somerset et Ireland.

Halifax. La première province où nous abordâmes fut la Virginie. Mais nous manquâmes Norfolk, dans la baie de Chesapeak, à cause des calmes et des vents contraires. Le navire vogua alors vers New-York, et, le 19 février, il jeta l'ancre à environ sept milles de cette belle cité.

On ne jugea pas à propos de laisser nos jeunes gens aller seuls à terre, mais j'eus le bonheur d'être invité à accompagner un des officiers. Je dois trop à l'amitié de cet excellent homme pour pouvoir m'exprimer à son sujet comme je le voudrais; en sorte que je ne dirai rien de la reconnaissance que je lui ai vouée depuis si longtemps. Peut-être le meilleur et le plus utile moyen de rendre les services que nous recevons est de les reporter sans cesse sur d'autres qui sont dans les mêmes circonstances où nous nous sommes trouvés. Ce serait imiter Franklin : quand il prêtait de l'argent, il faisait promettre de le rendre non pas à lui-même, mais à d'autres dans le besoin, qui s'engageraient à leur tour à faire circuler sa charité. Aussi, dans le cours de ma carrière, j'ai plus d'une fois étrangement surpris de jeunes aspirants, en leur rendant tous les services que j'avais reçus moi-même à New-York, en leur montrant les curiosités du pays, et en les présentant dans les sociétés, comme mon ami l'avait fait pour moi. Ces enfants s'imaginaient peut-être qu'ils devaient ces égards à leur extraordinaire mérite, tandis qu'en réalité je ne faisais que décharger ma conscience, et acquitter en payements indirects cette dette de gratitude qui, malgré ces déboursés, augmente à mesure que ma connaissance du monde me met à même d'en estimer tout le prix.

C'est l'à-propos et la manière d'obliger qui font tout le mérite d'un service ; car le grand secret de cet art délicat consiste à obliger les gens au moment même où ils le désirent et dans la forme qu'ils préfèrent. Pour moi, j'eus le bonheur, dans plusieurs circonstances de ma vie, de tomber sur des amis qui possédaient merveilleusement ce don de l'à-propos. En effet, je sautai de joie quand je reçus un matin l'invitation d'accompagner à New-York un de nos lieutenants ; le seul souvenir de cet instant fait battre mon cœur dix fois plus vite par minute : et il y a de cela un bon quart de siècle.

Il ne serait digne ni du sujet, ni de moi-même, de composer le récit de cette visite à New-York avec des notes prises quand j'étais si jeune. La pâleur du style, comparée avec le souvenir si vif de ce que j'éprouvai alors, montre assez combien il est difficile de rendre compte de ses impressions. Heureusement que la faculté de jouir est plus précoce en nous que l'art de peindre nos jouissances. Cette science même, si simple en apparence, de profiter de tout ce qui s'offre à nous, demande un plus long apprentissage du bonheur qu'on ne se l'imagine.

Nous arrivâmes à New-York au milieu de la neige et du vent, et, après quelque peine pour trouver un logement, nous nous vîmes casés dans un joli appartement et une des meilleures pensions de la rue Greenwich. Il y avait nombreuse compagnie quand nous entrâmes, on prenait le thé devant un feu pétillant; on y jeta de nouvelles bûches en l'honneur des nouveaux venus, et on nous laissa les meilleures places, selon l'invariable coutume de ce pays hospitalier.

Si notre hôtesse vit encore, je me flatte qu'elle ne regrettera pas ses égards pour un homme qui, si longtemps après, s'est un peu brouillé, bien malgré lui, avec un peuple auquel il doit tant, et qu'il aime d'une amitié sincère. J'espère aussi qu'on me croira, si je déclare que, dans mes récentes publications, j'ai dit la vérité, la vérité et rien que la vérité, que je n'ai jamais menti, du moins à ma conscience, et que je suis encore porté de cœur pour l'Amérique, comme je l'ai été et le serai toujours.

Les Américains s'en vont partout répétant que la pierre fondamentale de leur liberté est cette doctrine, que tout homme est libre de se former une opinion et de la publier avec candeur et modération. Est-ce à dire que les étrangers n'auront pas le même privilége? et, je le demande, en ai-je dépassé les bornes? Les Américains n'ont certes pas le droit de s'offenser si mes idées diffèrent des leurs, et cependant j'ai su que j'avais été assez vertement tancé par la presse de ce pays. Si mes intentions sont méconnues, tout ce que je puis dire, c'est que je suis calomnié; si je suis dans l'erreur, les regrets que j'éprouve de mon aveuglement seraient plus dignes du respect que de la colère de mes adversaires politiques; et, si par hasard je suis dans le vrai, la meilleure preuve de la justesse de mes vues sera peut-être, au jugement des personnes désintéressées, l'aigreur même de ceux qui s'irritent de ma franchise. Après tout, je serais enchanté que mes amis d'outre-mer consentissent à me prendre au mot, et qu'ils me regardassent comme leur ami de près et de loin. J'avais en matière de gouvernement des opinions différentes des leurs, et je les ai plus que jamais; mais je souhaite sincèrement leur bonheur comme individus et leur prospérité comme nation. *Que puis-je dire de plus?* selon le proverbe persan. Puisse ce peu de mots servir à faire ma paix avec un peuple qui se glorifie avec raison de ne pas avoir de rancune! Pour moi, je n'ai pas à me réconcilier, car j'ai soigneusement évité de lire aucune des critiques américaines de mon livre, afin que l'amitié que j'ai toujours portée à ce pays n'en fût pas altérée. En me mettant ainsi hors de la discussion, je puis avoir perdu de fort bons avis et d'excellentes occasions de revenir sur des impressions fausses ; mais je me rappelle avec tant de délices mon voyage aux États-Unis et l'hospitalité que ma famille y a reçue partout, qu'à tort ou à raison je ne veux rien lire qui troublerait ces doux souvenirs. Séparons-nous donc en paix, ou plutôt puissions-nous nous revoir avec cordialité ! Si ce nouvel ouvrage trouve sa route à travers l'Atlantique, j'espère qu'on le lira sans penser à ce qui s'est passé entre nous, ou du moins avec les seuls souvenirs de nos anciennes liaisons qui soient agréables aux Américains et à moi [1].

Après avoir quitté les côtes d'Amérique, nous partîmes pour les Bermudes. Je trouve ici la première trace d'un journal régulier, et des esquisses faites sur place, quoique sans art, ont un intérêt de simplicité et de familiarité dont sont dépourvues ordinairement celles qu'on rédige de mémoire. Il est très-curieux de voir comment les plus courtes notes servent quelquefois à réveiller une suite d'idées oubliées, à peindre vivement à l'imagination des scènes passées depuis longtemps, à

1. Le capitaine fait ici allusion à son ouvrage sur les États-Unis, dont la publication ne fit guère moins de scandale en Amérique que celui de Mrs. Trollope en a fait depuis. (*Note du traducteur.*)

rappeler des phrases, à représenter même l'air dont elles furent prononcées, quoique les circonstances qui s'y rattachent aiènt dormi dans notre mémoire pendant une longue période d'années.

Entre autres théories inventées pour expliquer les mystères des songes, il en est une qui les regarde comme une série de souvenirs modifiés et influencés par des causes inconnues et indépendantes de nous-mêmes; les combinaisons et associations qu'ils nous offrent, quelque étranges qu'elles soient, ont toujours rapport ou à des idées ou à des événements passés, en sorte que, dans le sommeil, aucune pensée vraiment nouvelle ne traverse notre esprit.

Que cette théorie soit vraie ou fausse, maintenant que je relis les notes éparses dont je parlais plus haut, écrites aux Bermudes il y a plus de vingt-six ans, j'éprouve une sensation analogue à celle qui se produit dans le rêve. Beaucoup d'objets depuis longtemps oubliés m'apparaissent avec une précision parfaite, et m'en rappellent plus ou moins distinctement d'autres sur lesquels je n'ai rien d'écrit. Quelquefois une masse de souvenirs s'offrent à moi, aussi présents que s'ils dataient d'hier. J'entends la voix de mes compagnons de gamelle, je vois leur figure, et j'ai là devant les yeux jusqu'à leurs gestes et leurs manières. Puis, un instant après, un nuage passe sur tout cela, et ni la mémoire, ni même mes notes ne peuvent me rendre le tableau que je voyais un moment auparavant. Quelquefois aussi, dans ces regards jetés sur le passé, il y a une confusion étrange d'époques, de circonstances, de craintes, d'espoirs, de vagues ressouvenances, de souhaits, de pénibles prévisions et d'amères pensées, toutes mortes depuis longtemps. Ces songes du jour se déroulent dans mon esprit, mais aussi confus que les songes de la nuit. Et en effet, où est la différence? C'est que dans le sommeil cette fantasmagorie est indépendante de nous-mêmes, tandis que pendant la veille nous pouvons la varier à l'infini. Alors nous sommes maîtres de conduire le vaisseau de l'imagination avec plus ou moins de précision; mais dans le sommeil notre gouvernail est emporté, et nous sommes forcés d'errer au gré de nos sens capricieux sur un océan de souvenirs.

Voici un petit échantillon, qui montrera aussi bien qu'un volume ce que c'est qu'un journal de marine. Le défaut capital de presque tous ces journaux est de manquer, comme les peintures chinoises, d'ombre et de relief, ou d'être dessinés avec une telle barbarie de perspective, que tous les objets semblent être sur le même plan.

« Bermude, dimanche 22 avril.

« Vent du sud. — La nuit dernière, — été de

quart le premier; — relevé ce matin au septième coup de la cloche; — déjeuné avec un pain et de la gelée. — Fort vent du sud. — Amené les vergues, et calé le mât de perroquet. — Après le dîner, lu un ou deux *Contes des Génies.* — Habillé pour l'inspection; — demandé la permission d'aller à terre pour dîner avec le capitaine O'Hara; refusé. — Dîné avec la vieille drogue du *bout de câble salé* et du *dough.* — Le commandant est allé à terre dans la yole. — Passé l'après-midi à lire les *Vies des Hommes illustres*, de Plutarque. — Café à quatre heures. — Vent plus fort que jamais; beaucoup de pluie. — Lu la Bible jusqu'à six heures, puis été sur le pont. — A neuf, été me coucher. — Relevé à quatre heures du matin. — Lundi 23 avril : fait le signal pour mettre à la voile; à midi, encore le vieux dîner *du cheval salé.* — Les deux pilotes, Jacob et Jamie, sont venus à bord; on les occupe à l'approvisionnement du vaisseau amiral. »

Ces deux noms, Jacob et Jamie, rappelleront à ceux qui ont connu Bermuda à cette époque bien des souvenirs attachés à cette île intéressante; c'étaient deux nègres, les pilotes des vaisseaux de guerre, qui faisaient entrer et sortir les bâtiments; leurs femmes, d'une ébène aussi noire et aussi polie qu'eux-mêmes, étaient les maîtresses blanchisseuses de notre flotte, et à terre nous allions dans leurs maisons, bâties en bois de cèdre, nous procurer le peu de vivres que le pays fournissait : je me rappelle que neuf fois sur dix notre dîner se composait de jambon et d'œufs. Jacob et Jamie étaient-ils esclaves? Je ne le crois pas ; ce que je sais, c'est qu'ils étaient pleins de bonté et d'obligeance pour les aspirants, surtout pour ceux qui faisaient des collections de coquillages et de corail, principales curiosités de l'île.

Je ne voulais pas extraire d'autre passage mot à mot de mon journal ; mais je trouve ici un dernier fait que voici : Le matin suivant, une chaloupe nous vint du *Boston*, frégate en panne près du *Léandre*. Le capitaine de ce bâtiment, un de mes meilleurs amis, avait un merveilleux talent pour obliger à propos : la chaloupe contenait un don des plus précieux, manne bienfaisante pour des affamés, une énorme oie grasse, un jambon de porc et un sac de pommes de terre. Un tel cadeau, en tout autre lieu, aurait eu l'air d'une plaisanterie ; mais à Bermuda, où nous mourions de faim depuis nombre de mois sans provisions fraîches ; c'était pour nos estomacs gorgés d'aliments salés le *summum bonum* de la félicité humaine.

Le lendemain après déjeuner, la chaloupe fut envoyée avec un des lieutenants pour amener l'amiral à bord. Il vint à onze heures. Tandis que Son Excellence entrait sur le vaisseau d'un côté, moi, de l'autre, je quittai mon poste, et sans permission je sautai d'un des sabords dans le canot pilote, afin d'aller faire une petite provision de coquillages et de corail pour mes amis d'Halifax. J'avais terminé mes emplettes le plus promptement possible, et je battais en retraite vers mon poste, quand ma mauvaise étoile voulut que le premier lieutenant dirigeât ses yeux vers la galerie du faux pont. Il me prit en flagrant délit, m'appela, et pour punition m'envoya à la tête du grand mât de hune. Comme mes commissions étaient faites, je me consolai de cet échec; je m'arrangeai le plus confortablement possible dans mon poste élevé, et j'en ris comme d'une plaisanterie.

Nous levâmes l'ancre. En traversant la passe, je pouvais, de mon observatoire, distinguer sous l'eau, non-seulement les récifs aux belles couleurs, mais encore suivre aisément de l'œil les différents chenaux qui les séparent, et au milieu desquels nous devions naviguer avec quelque apparence de danger. Quand le vaisseau passa, le fort salua notre pavillon par douze coups de canon; nous lui rendîmes ce salut; puis nous fîmes voile vers Norfolk, dans la Virginie.

Jusque-là tout allait bien. Je jouissais de cette vue magnifique par un des plus beaux soleils qui eût brillé jamais. Mais il m'arriva un petit malheur, et en le racontant il me semble que j'ai encore faim. De la tête du mât de hune, où j'étais perché pour mes méfaits, j'eus la cruelle mortification de voir ma belle oie rôtie traverser l'embelle pour arriver au faux pont. Quand le coquin de mousse qui portait le plat fut sur la galerie, il leva les yeux comme pour me demander si ce spectacle était de mon goût. Jamais du haut des airs aigle, faucon ou vautour, ne fixa sur sa proie des regards plus avides que ceux que mes yeux adressèrent au plat savoureux que j'étais condamné à ne pas toucher; mais, pour insulter encore plus à mon infortune, tous les aspirants, à mesure qu'ils passaient sur le gaillard d'arrière, quand on les appelait pour dîner, me regardaient et faisaient une grimace. Un mauvais farceur me provoqua même indignement : il tapa sur sa grosse bedaine, comme pour me dire : « Quel festin délicieux nous allons faire! n'en voulez-vous pas un morceau? »

IX.

Le quart.

A peu d'exceptions près, tout individu à bord d'un vaisseau de guerre fait le quart à son tour; et, comme c'est un des principaux ressorts qui complètent le mécanisme ingénieux de la discipline navale, il mérite que je lui consacre quelques mots en passant.

Les officiers et les aspirants sont ordinairement divisés en trois *quarts* : premier, deuxième et troisième. Comme le plus ancien lieutenant ne fait pas de quart, l'officier qui lui succède par rang d'ancienneté prend le premier, le plus jeune lieutenant le deuxième, et le maître [1] le troisième, sur les vaisseaux qui n'ont que trois lieutenants. Chacun de ces officiers a sous ses ordres une escouade d'aspirants, dont le plus ancien commande le quart; celui qui compte le plus de service après

1. *Master.* Les masters d'un vaisseau de guerre anglais sont des officiers qui prennent rang immédiatement après les lieutenants.

lui a son poste sur le gaillard d'avant, et le suivant, dans le même ordre, se place sur la dunette; les plus jeunes demeurent sous le vent du gaillard d'arrière avec le chef du quart : car on remarquera qu'il n'est permis à personne, excepté le commandant, les lieutenants, le maître, le chirurgien, l'écrivain, l'officier des soldats de marine, de passer au vent, sous quelque prétexte que ce soit. Cet usage est devenu tellement habituel, que je ne me souviens pas d'avoir jamais demandé la raison de son origine. Sans doute le principal motif est de tirer une ligne prononcée de démarcation entre les divers rangs. En outre, le côté du vent est le plus commode pour se promener quand le vaisseau porte beaucoup de toile; on y est plus à l'abri du vent et de la pluie, et, soit en bas, soit en haut, on y jouit d'une vue plus étendue que du côté sous le vent.

Tout le monde, sans même excepter le capitaine, en mettant le pied sur le gaillard d'arrière, porte la main au chapeau, et, comme on croit que ce salut ne s'adresse qu'à ce lieu privilégié, tous ceux qui ont l'honneur de s'y trouver dans ce moment sont obligés de rendre la politesse. Ainsi, quand un élève arrive et qu'il ôte son chapeau, tous les officiers qui sont sur le gaillard, et l'amiral lui-même (car il est quelquefois du nombre), portent la main aux leurs.

Cette règle s'est tellement convertie en habitude que, même dans la nuit la plus noire, et lorsqu'il n'y a personne près de l'écoutille, on ne manque pas de s'y conformer avec la même précision. Bien plus, quand il arrive à un officier de la marine royale de se trouver à bord d'un navire marchand ou d'un paquebot, il a de la peine à s'empêcher de porter la main à son chapeau chaque fois qu'il monte sur le pont. Quant à moi, je crois qu'il est peu convenable de manquer à cet acte de politesse, et, lorsque je me suis trouvé sur des navires de passage, j'ai été fort surpris de voir des *gentlemen* assez mal élevés pour arriver bouche béante sur le pont, comme si leur chapeau avait été cloué sur leur tête ou leurs mains cousues dans leurs goussets.

Chaque quart a ses avantages particuliers, et je n'ai pas besoin d'ajouter que chacun fournit une égale matière aux plaintes et doléances de ces esprits difficiles qui se plaisent à trouver un mauvais côté à tout, comme si nous étions dans ce monde pour nous rendre malheureux et faire le malheur des autres.

Le premier quart (de huit heures du soir à minuit), qui prend son tour quand l'ouvrage de la journée est terminé, a cet avantage que, quoique l'heure du coucher soit retardée, le repos de la nuit n'est pas interrompu. La perspective de rentrer à minuit et d'être assuré de dormir jusqu'à sept heures du matin ne contribue pas peu à tenir en haleine et en belle humeur pendant le temps du quart, et maintient plus longtemps cet état d'excitation qu'a produit le mouvement de la journée. D'un autre côté, les éternels grondeurs ne manquent pas de dire qu'il est bien pénible de faire le premier quart quand on a travaillé tout le jour, et surtout après avoir fait celui de l'après-midi (de midi à quatre heures), qui, dans les climats chauds, est une rude épreuve pour les forces d'un homme. Cependant, généralement parlant, je crois que le premier quart est le moins impopulaire; car je ne suppose pas qu'il y ait au monde un marin assez don Quichotte pour avouer hautement qu'il aime à faire le quart. Un tel paradoxe serait bien ridiculisé à bord d'un vaisseau.

Le second quart est presque généralement regardé comme une grande vexation; et certes, il est fort désagréable de quitter à minuit un lit bien chaud, quand, après trois heures d'un profond sommeil, les paupières sont, pour ainsi dire collées l'une contre l'autre, quand les sens sont plongés dans un repos ordinairement bien nécessaire, et dans l'oubli des fatigues.

Il est bien dur aussi de se voir retrancher quatre bonnes heures de sommeil, surtout quand c'est pour passer ce pénible intervalle au froid ou à la pluie; et, ce qui est encore plus ennuyeux, par un calme étouffant des tropiques; sur une mer unie comme une glace, lorsque les voiles, aussi humides que si on les eût jetées par-dessus le bord, battent contre les mâts, et que les garcettes de ris, en retombant sur la toile, font un concert si monotone que le souvenir seul me donne envie de dormir.

Cependant ce quart si décrié a ses avantages, du moins pour ces jeunes esprits ardents qui savent les y trouver, et dont l'habitude est de tirer parti de tout. Il y a trois grandes heures et demie de sommeil qui le précèdent et autant qui le suivent. En outre l'esprit et le corps, ayant joui de quelque repos, sont si bien disposés que, s'il y a quelque rude besogne à faire, vous pouvez être sûr que l'on s'y met de bon cœur. Lors même qu'il n'y aurait pas autre chose à faire qu'à arpenter le pont, les idées d'un officier qui a un peu d'énergie peuvent trouver un sujet d'exercice, ne serait-ce qu'en regardant tantôt devant, tantôt derrière, avec cette bonne humeur qui est le partage de la jeunesse et de la santé, quand on sait en faire un bon usage.

A cette heure de la nuit, tout le monde dort, excepté le contre-maître sur le couronnement, le timonnier à la barre et les vigies à leurs différents postes sur les passavants, aux bossoirs et sur le beaupré; à cette exception il faut joindre naturellement les pauvres diables qui mesurent le gaillard d'arrière en battant la semelle, comptant les demi-heures, ou bien les yeux fixés sur le sablier que le factionnaire de la cabine ne cesse de remuer, comme si l'on pouvait, avec des secousses, accélérer la marche tardive du temps aussi facilement que l'on fait avancer un baudet fatigué.

Mais le joyeux quart du matin est le quart favori. Avec ce quart commence un nouveau jour d'activité et de chances renaissantes. Le travail est aussi moins pénible après le repos d'une bonne nuit. Aux premiers rayons de l'aurore, au moment où l'horizon, confondu quelques minutes auparavant avec l'obscurité du ciel, se montre à l'orient, on éprouve un sentiment de bien-être et de force dont les plus indifférents ressentent les effets.

En temps de guerre, c'est l'instant où tous les yeux sont occupés à pénétrer la demi-obscurité; et heureux celui qui, doué de la vue la plus perçante, peut crier le premier avec un accent de joie :

« Une voile! monsieur, une voile!

— Où? demande l'officier avec empressement.

— Par trois ou quatre pointes du bossoir sous le vent, monsieur.

— Arrive! crie l'officier; appareillez les bonnettes de perroquet et de cacatois; parez le boute-dehors du petit hunier; jeune homme, courez dire au capitaine qu'un inconnu est en vue par le bossoir sous le vent, et que nous forçons de voiles. » Ce navire a l'air bien suspect; cependant, comme le matin s'avance et que d'autres navires sont en vue, il faut prendre de nouvelles mesures, tant à cause de la route qu'on a tenue, que pour la quantité de toile qu'il convient de faire. Ainsi, ce moment de la journée, en mer et à bord d'un croiseur, donne peut-être lieu bien plus que tout autre au développement de ces qualités qui caractérisent essentiellement notre profession, et qui consistent dans une décision prompte et une exécution vigoureuse.

Indépendamment des occupations actives que comporte le quart du matin, il laisse la journée libre depuis huit heures jusqu'à quatre. Plus d'un projet manqué est remis à ce moment pour être de nouveau contrarié; mais il est agréable à ceux qui aiment l'étude d'avoir la certitude de pouvoir s'y livrer un jour entier sur trois, sans aucun mélange de théorie ni de pratique, quoiqu'un navire soit un triste cabinet de lecture, il faut l'avouer : le mouvement continuel et le bruit infernal du bord dégoûteraient les plus studieux.

Pour un aspirant qui a bon appétit (et quels sont ceux qui en manquent?) le quart du matin a des attraits d'un genre tout gastronomique. Le chef du quart (qui est le plus ancien) est toujours invité à déjeuner avec les officiers à huit heures, et un ou deux des autres, par tour, déjeunent chez le capitaine, à huit heures et demie, avec l'officier de leur quart et le premier lieutenant qui, dans beaucoup de vaisseaux, est constamment le convive du commandant, tant à déjeuner qu'à dîner.

L'officier qui a fait le quart de l'avant-midi dîne toujours avec le capitaine à trois heures, et, comme le dîner de la grand'chambre a lieu une heure avant celui du capitaine, l'officier remonte sur le pont au moment où le tambour bat au *roast-beef de la vieille Angleterre*, signal invariable du dîner des officiers. Il relève alors son collègue qui fait le quart de l'après-midi, jusqu'à trois heures, moment où le capitaine se met à table. Cet échange de bons offices pour se relever (comme on l'appelle) a lieu entre les aspirants des quarts de l'avant et de l'après-midi. Il est bon, néanmoins, de faire observer que tous ces arrangements, bien qu'ayant l'air d'être des effets de pure politesse, sont devenus des parties aussi essentielles des usages maritimes que tout autre règlement du bord.

Chaque dimanche, le capitaine dîne avec les officiers dans la grand'chambre; et, quoique ceux qui ont permission d'aller à terre se donnent la licence de ridiculiser ces dîners périodiques et de pure formalité, on ne peut nier qu'ils ne contribuent à la discipline du vaisseau; on croit même généralement que, sans ce cérémonial hebdomadaire, qui n'est que la conséquence de l'usage où sont les officiers de dîner par tour chez le capitaine, il serait presque impossible de maintenir le bon ordre à bord d'un vaisseau de guerre.

Nous savons que trop de familiarité engendre le mépris; mais, dans les situations de la vie où il y a nécessairement des rapports nombreux entre les hommes, trop peu de familiarité engendrera la mauvaise volonté, la défiance, la crainte et la jalousie. La difficulté consiste à régler à propos cette intimité délicate, et à trouver un juste milieu entre trop de liberté et trop de réserve dans les manières. Dans la marine militaire, une longue expérience semble avoir démontré que ce but important ne peut être atteint que par cette réunion périodique du captaine et des officiers à la même table, non pas au gré d'un caprice et à des époques irrégulières, non pas par faveur, selon l'humeur du moment, mais avec ordre, et comme si c'était réglé par une ordonnance de l'amirauté.

On demandera peut-être ce que font à la discipline un ou deux dîners par semaine du capitaine avec les officiers. La réponse est facile. Personne n'ignore que souvent les animosités les plus vives ont des causes bien futiles et quelquefois imaginaires : tantôt un malentendu, tantôt, les réels, mais légers motifs d'une juste plainte dont on n'excuse pas la nécessité. Si ces semences de discorde sont étouffées dans leur germe, on pourra non-seulement s'opposer à leur croissance, mais encore dans beaucoup de circonstances faire naître à leur place d'heureux fruits.

Pour rendre plus facile l'intelligence de ces réflexions, je citerai deux cas sur cent dont j'ai été témoin, où j'ai joué des rôles opposés, et dont je connais la portée par expérience.

Supposons d'abord que le capitaine vienne sur le pont un peu avant midi, et qu'il voie quelque chose qui ne va pas à son idée, un bras de la grande vergue pas assez roidi, l'écoute du petit perroquet pas assez bordée, le foc pas suffisamment hissé; supposons encore que ce soient là des points sur lesquels, par caprice ou autrement, il soit très-minutieux. Il en fait l'observation à l'officier dans des termes un peu trop sévères pour la circonstance. Dans ce cas, il peut se faire que le capitaine, sans réfléchir sur la conséquence de son injustice, punisse un homme dévoué, un travailleur, pour une bagatelle, aussi sévèrement que s'il l'avait trouvé endormi pendant son quart, ou coupable d'une négligence volontaire.

Cependant l'officier, qui n'a pas d'excuse, s'incline et ne dit mot. Dans quelques minutes le soleil passe au méridien et midi arrive. Le maître d'équipage donne le signal du dîner; l'officier réprimandé est relevé, et il descend dans la grand'chambre, le cœur gros, ou irrité contre son capitaine de ce qu'il appelle une injustice.

La première chose qu'il fait en ouvrant la porte est de lancer son chapeau à l'autre bout de la chambre avec tant de force, que s'il n'était pas arrêté au passage par l'officier des soldats de marine qui joue tout le jour de la flûte près des fenêtres de l'arrière, il courrait grand risque de voler par-dessus le bord. Le musicien, brusquement interrompu, s'arrête au milieu de la seconde mesure de *God save the King*, ou de *Robin Adair*, sur lesquels il s'escrime depuis trois mois avec le maître de musique :

« Holà ! mon brave, qu'avez-vous ?

— Ce que j'ai, s'écrie l'autre, je veux être fusillé s'il n'y a pas de quoi rendre un homme fou.

— Je vous demande ce que vous avez, réplique le soldat en se préparant à recommencer son éternel concert.

— Quoi ! j'ai travaillé comme un forçat toute la matinée pour plaire à ce brutal de capitaine, et qu'y ai-je gagné ? Eh bien ! non-seulement il feint de ne pas voir tout ce qu'un homme fait dans l'intérêt du service, mais encore il prend prétexte du moindre oubli dans l'exécution d'un de ses mille et un caprices (dont aucun n'a la moindre importance), pour donner cours à sa mauvaise humeur. Il est évident, continue l'officier en s'échauffant de plus en plus, que le capitaine a une dent de lait contre moi, et qu'il a résolu de me faire quitter le vaisseau pour placer quelqu'une de ses créatures.

— Tout cela n'a pas le sens commun, répond le pacifique homme de guerre ; le capitaine est votre meilleur ami.

— Ami ! s'écrie l'autre en fureur, je vous dis que.... »

Entre alors le maître d'hôtel de la cabine, qui s'avance vers lui et lui dit machinalemeut : « Le capitaine vous présente ses compliments, monsieur, et il sera heureux de vous avoir à dîner. » A quoi l'officier répond tout aussi machinalement : « Mes respects au capitaine ; dites-lui que je m'y rendrai. » Mais, aussitôt que la porte est refermée, il se tourne vers le soldat et lui dit : « Je suis diablement fâché de ne pas avoir refusé. — Vraiment ? » répond l'autre ; et il se remet à son agréable concert.

Cependant deux heures sonnent ; le dîner de la grand'chambre est servi, le tambour bat au *roast-beef*, et l'officier du quart précédent vient relever son collègue de la manière que j'ai déjà expliquée. Après avoir passé son heure à grommeler et à entretenir son irritation pour que le capitaine s'aperçoive qu'il est fâché, on vient lui dire que le dîner est servi dans la cabine. Il s'y rend, prend la place qui lui est destinée, et à voir sa contenance on dirait qu'il est cloué sur sa chaise.

La soupe aux pois est avalée avec un silence

presque solennel, et, pendant que l'on sert le premier service, le capitaine dit à l'officier offensé : « Eh bien ! monsieur Haultight, buvons-nous un verre de vin? Qu'en dites-vous? » Ce peu de mots magiques et un verre de Xérès font oublier à l'officier qu'il était en colère. Ce n'est pas tant par ses paroles que par le ton qu'il y met que le capitaine lui fait sentir combien il désire faire renaître la bonne intelligence et combien il est fâché de ce qui s'est passé. Après cela, si l'officier n'est pas une de ces têtes dures et obstinées sur lesquelles les meilleurs procédés s'émoussent, il prend la bouteille, remplit son verre, et répond : « De tout mon cœur, monsieur; » et, selon toute probabilité, ici s'éteint un sentiment qui, sans cette prompte réparation, aurait peut-être longtemps occupé l'esprit de l'officier et causé quelque acte d'insubordination aussi nuisible à lui-même qu'au service.

Dans l'exemple que je viens de citer, j'ai supposé que le tort était du côté du supérieur; mais, comme on le pense bien, le contraire arrive souvent. J'ai vu un officier qui, pendant plusieurs jours de suite, s'était plu à tourmenter son capitaine, mais en ayant bien la précaution de ne pas s'écarter des lois de la discipline. Quelle est la personne, je le demande, qui, ayant un commandement quelconque, soit sur mer, soit sur terre, dans la marine royale ou dans une école, je dirai même dans une chambre de nourrice, n'a pas éprouvé quelques tracasseries semblables ? Quant à moi, je ne puis mieux les comparer qu'à la piqûre d'un moustique : on passe la moitié de la nuit dans l'espoir d'attraper l'insecte importun; on s'emporte, on se démène sans succès, grâce à l'adresse de l'antagoniste, qui vous fait voir par là que dans sa petitesse il est loin d'être insignifiant.

Mais, au milieu de ces taquineries, arrive le dimanche, et tout rentre dans l'ordre. Ce jour-là, le capitaine dîne invariablement dans la grand'chambre. Il y est reçu par tout le monde, sans excepter *M. Moustique*, avec les égards qui lui sont dus; il est d'usage dans ces occasions de se relâcher un peu sur la rigueur de la discipline, mais seulement assez pour permettre une espèce de familiarité empesée qui semble avoir été réglée par une ordonnance. Le capitaine s'y prête, l'encourage même, mais avec ménagement, et un peu moins qu'il ne le fait à sa propre table. Pendant le dîner, tous les officiers boivent à la santé de leur convive; et, quand vient le tour de *M. Moustique*, le capitaine, s'il est homme de sens, ne manquera pas d'adresser quelques paroles agréables à l'individu qui l'a tourmenté toute la semaine.

J'ai déjà dit que le premier quart commence à huit heures du soir et finit à minuit. Mais on se trompe fort si l'on croit qu'un aspirant à moitié endormi, qui a devant lui la perspective d'un quart à faire au milieu d'une nuit froide, et qu'on vient de réveiller brusquement d'un profond somme, est disposé à sauter tout de suite horsde son lit, à s'habiller à la hâte et à courir sur le pont. Hélas! il en est bien autrement! Qu'il est difficile à celui qui n'y a pas passé de concevoir jusqu'à quel point le patriotisme, le zèle ou le dévouement au bien public (appelez-le comme vous voudrez) s'effacent dans le cœur d'un pauvre diable réveillé en sursaut au milieu d'un de ces rêves légers qui transforment en paradis la nuit des jeunes gens! Après deux ou trois bonnes secousses aux lignes de son hamac, le dormeur est hélé de la manière suivante par le vieux quartier-maître.

« Monsieur Doughead[1]! »

Point de réponse.... Une autre forte secousse au hamac.

« Monsieur Doughead! il est minuit.

— C'est bon.... c'est bon! vous n'avez pas besoin de me faire tomber du lit. Que dites-vous?... Quel temps fait-il?

— Il pleut un peu et la brise commence à fraîchir; il fait bien noir, monsieur.

— Que la peste l'emporte! il faudra donc prendre un ris?

1. *Tête-dure*

— Je le crois, car elle commence à siffler. »

Après cela, M. Doughead se roule dans sa couverture, se tourne à moitié pour éviter le rayon de lumière qui s'échappe de la lanterne du quartier-maître et que celui-ci tient exprès à six pouces de son visage pour l'empêcher de se rendormir; puis, au bout de dix secondes, il est de nouveau dans les bras de Morphée, seule divinité qui préside dans le faux pont à cette heure. Bientôt après arrive le contre-maître du second quart, qui, plus vigilant, était sur le pont vingt minutes avant son tour.

« Monsieur Doughead! il est près d'une heure.

— Vraiment! s'écrie le jeune homme, je n'en savais rien; on ne m'a pas appelé?

— Oh! que oui, monsieur; l'homme que j'ai relevé m'a dit que vous lui aviez demandé quel temps il faisait et s'il ne faudrait pas prendre un ris.

— J'ai parlé du temps, moi? C'est encore là un des mensonges qu'il débite toujours pour me faire trouver en faute. »

Pendant cette conversation, la cloche sonne une heure, preuve évidente qu'il s'est écoulé une demi-heure depuis le premier entretien au sujet du temps; et, avant que M. Doughead ait passé ses jambes hors de son hamac, l'aspirant qu'il doit relever descend les échelons du faux pont quatre à quatre, mouillé comme un goëland, transi, de mauvaise humeur et à moitié endormi.

« Dites donc, monsieur Doughead, votre intention est-elle de relever le quart cette nuit? Il est près de deux heures, et vous n'êtes pas encore hors du lit! je veux être pendu si ce n'est pas trop fort. Vous êtes le plus paresseux de tout le vaisseau; il faut que je fasse tout mon quart et souvent la moitié du vôtre. Cela ne peut durer plus longtemps, et, pas plus tard que demain matin, j'irai trouver le premier lieutenant pour voir s'il n'aura pas quelque moyen de vous faire remuer un peu plus vite; c'est une honte pour le service. »

A tout cela l'obstiné n'a qu'une même réponse : « Je vous dis qu'on ne m'a pas appelé. »

Cependant on porte rarement plainte au lieutenant, car toutes les parties intéressées sont à peu près dans le même cas. Mais les aspirants savent quelquefois se faire justice à leur manière pour punir les retardataires incorrigibles. Le châtiment le plus ordinairement infligé dans cette occasion s'appelle *couper* (*cutting down*), opération bien moins fatale que le mot ne paraît l'indiquer. Presque tout le monde, je pense, sait ce que c'est qu'un hamac. C'est un lit fait avec une pièce de toile longue de six pieds sur deux de large, suspendue au-dessous des ponts par le moyen de deux assemblages de petites lignes, appelées araignées, et frappées sur deux anneaux de bitord fixés par un raban aux lattes qui garnissent les baux. Sur ce canevas on met un petit matelas, un oreiller et deux couvertures, auxquelles on est libre de joindre une paire de draps. On se fera facilement une idée de l'aisance et du *comfort* dont jouissent les jeunes aspirants pendant la nuit, en disant que l'appareil dont je viens de donner la description occupe moins d'un pied et demi en largeur, et que tous les hamacs se touchent. Il faut cependant avouer que j'ai goûté dans ces lits, en apparence peu confortables, le plus profond sommeil de ma vie ; et, quoique je ne puisse oublier maint somme interrompu, et la répugnance que j'avais à quitter mon nid bien chaud pour m'exposer à la bise de nord-ouest sur les côtes d'Amérique, néanmoins, le souvenir de ces jours et de ces nuits excite en moi un intérêt toujours plus vif, dont le charme et la fraîcheur ne font que croître avec l'âge.

La malicieuse opération de *couper* peut se pratiquer de trois manières : la plus douce consiste à faire une solution de continuité sur la ride de devant : l'extrémité du hamac s'affale, et le dormeur se trouve debout sur le plancher. La seconde, pour laquelle il faut couper la ride de derrière, n'est pas, à beaucoup près, aussi douce ni aussi sûre ; car la tête du coupable arrive la première sur le pont avec une forte secousse, tandis que ses pieds se balancent dans les airs. La troisième consiste à couper les deux rides à la fois, et son effet est de faire trouver l'arrière du jeune officier en contact avec l'angle de quelque coffre, que l'on place là pour le recevoir. Après quoi la malheureuse victime est retournée le nez sur le plancher, pour la faire sortir de ses couvertures; et, s'il arrive que le pauvre dormeur couche dans la fosse aux câbles, il tombe sur les bouts de filin roulés au-dessous de lui. Ce plancher est plus raboteux et tout aussi mou que les planches, et la chute n'y produit qu'un mélange de coups et de contusions. Ce badinage brutal est quelquefois augmenté d'un petit supplément : on passe alors une garcette autour du hamac, dans son milieu, et on l'amarre aux baux qui sont au-dessus, en sorte que, quand les deux rides sont coupées, la tête et les pieds du jeune officier perdent leur point d'appui; mais, la plus noble partie de lui-même étant retenue par la ceinture, le héros futur d'un autre Trafalgar reste suspendu sans gloire dans l'espace comme la toison d'or à la boutique d'un marchand drapier.

Ce ne sont là que quelques-uns des tours que l'on joue à ceux qui ne veulent pas relever le quart à l'heure fixe. Cela me rappelle un incorrigible dormeur qu'on avait appelé trois ou quatre fois, et qui ne se pressait pas de *montrer une jambe*, seule preuve admissible qu'on va quitter le lit. Vers les cinq heures, par une belle aurore des tropiques, lorsque notre vaisseau croisait à la hauteur de la passe de Mono, dans les Indes occidentales, et au moment où le jour allait poindre, il fut décidé, dans un conseil des aspirants du quart, réunis sous le vent du gaillard d'arrière, qu'on ferait un exemple mémorable du dormeur.

Un détachement, composé des quatre plus forts, fut dépêché vers le hamac du coupable : deux le tinrent ferme et immobile, pendant que les deux autres l'emmaillottaient dans ses matelas, au moyen d'une aiguillette ou longue ligne d'amarrage qui sert à arrimer les hamacs sur le pont pendant le jour. On ne lui laissa de libre que la tête. Cette opération terminée, les rides de son hamac furent larguées, et ce paquet, moitié homme, moitié lit, fut remorqué comme un soliveau jusqu'à l'ouverture de l'écoutille.

Pendant ce temps, les confédérés qui étaient restés sur le pont avaient jeté le bout de la drisse des signaux dans la manche à vent du faux pont. La manche à vent est un large tube en toile qui, dans les pays chauds, sert à introduire l'air dans les parties inférieures d'un navire. Les drisses des signaux sont passées, par le moyen de petits trous, dans les pommes de girouette, espèce de calotte en bois placée sur le bout du cacatois. Les drisses servent à hisser les pavillons dont on fait usage pour communiquer avec les autres navires ; mais, dans cette circonstance, elles furent frappées sur l'un des anneaux du hamac du malheureux dormeur.

Quand tout fut paré, le mot: « Hisse! » se fit entendre d'en bas, et ceux du pont se mirent à haler de grand cœur. Le dormeur réveillé disparut du faux pont pour faire son apparition à l'ouverture de la manche à vent, entre le gaillard d'arrière et l'étai d'artimon. Comme on le pense bien, les aspirants épiaient le moment favorable. L'officier du quart alla sur le passavant pour voir si les vergues de l'avant étaient bien orientées, et, longtemps avant son retour à l'arrière, notre paresseux était affalé et les drisses larguées. Maintenant que faire du paquet? La question était difficile à résoudre; enfin un des aspirants s'écria : « Il faut le placer debout entre deux canons, au vent du pont; l'officier de quart le prendra pour une momie égyptienne et l'enverra au musée britannique comme un présent destiné à Sa Majesté. Ce qui fut dit fut fait, et l'aspirant confus, humilié et rouge de colère, fut placé de manière que les rayons du soleil tombant en plein sur son visage, il n'y eût pas moyen de le prendre pour un autre.

Je n'ai pas besoin de dire que le lieutenant et les autres officiers ne peuvent être régalés de ce bon tour, ce qui est presque dommage; car ce sont quelquefois d'aussi abominables paresseux que le plus sourd des jeunes aspirants. Au lieu d'être les premiers à relever le quart, ces beaux messieurs sont trop souvent les derniers à descendre de leur bienheureux hamac.

X.

Brume et naufrage.

Le 9 mai, nous arrivâmes à Halifax et nous fûmes retenus bien désagréablement à la hauteur de ce port pendant trois jours, au milieu d'une de ces brumes de la Nouvelle-Écosse dont tout le monde a entendu parler. Je n'en saurais donner une idée par la description; mais je crois qu'on peut en comparer les effets à ceux du siroco, avec cet inconvénient de plus que.... tant qu'elles durent, on ne saurait y voir au delà de son nez. Elles sont même pires que la pluie; car elles vous mouillent encore plus vite jusqu'aux os, tandis qu'elles jettent un voile noir sur tous les objets et vous accablent de langueur et de tristesse.

Le jour que nous atterrâmes, nous fûmes tout à coup enveloppés d'une vapeur si épaisse, que pendant les trois jours qui suivirent, nous ne pouvions rien distinguer à vingt toises autour de nous. Il n'est rien de plus impatientant que ces brumes d'Halifax; car, comme elles accompagnent justement le vent du sud-est, qui est le meilleur pour entrer dans le port, le marin se dit avec amertume que deux heures de beau temps de plus eussent terminé son voyage. Aussi rien n'est doux comme de voir ces maudits nuages vous montrer en se dissipant la côte et l'azur du ciel : tout alors vous apparaît brillant, frais et plus beau que jamais. Tel est le mouvement qui se fait en ce moment sur tout le navire, que même les individus demeurés à fond de cale sentent que l'horizon s'éclaircit. Bientôt se fait entendre le rapide piétinement des matelots sortant vivement des écoutilles à la voix du contre-maître qui crie : « Faites de la voile ! » A ce commandement succède celui de l'officier qui hèle les gabiers de misaine pour leur dire de dénouer les garcettes, d'élever les voiles d'étai et de pousser dehors ; enfin, cette espèce d'écho bien connu, par lequel la voix vous est renvoyée des voiles humides, contribue encore à donner à l'esprit une vivacité plus joyeuse et plus d'élasticité.

Un an ou deux après l'époque dont je parle, on résolut de placer un gros canon sur le rocher où est bâti le phare Sambro ; ce ne fut pas sans beaucoup de peine qu'on parvint à en hisser un de vingt-quatre livres de balles jusqu'au point le plus élevé de ce cap. Il fut ensuite convenu que, si un navire arrivant en vue du port par un jour de brume voulait tirer le canon, on lui répondrait du phare, et que par ce moyen on aurait établi une sorte de télégraphe invisible, mais parlant. Si les officiers du navire étaient suffisamment familiers avec la côte, et se sentaient assez de hardiesse pour tenter cette navigation à tâtons, toujours périlleuse pour le moins, ils pourraient entrer heureusement dans le port en étudiant le son du canon et en faisant attention à la profondeur de l'eau.

Je ne me suis jamais trouvé dans aucun vaisseau qui ait osé risquer cet exploit; mais je me rappelle parfaitement une aventure curieuse de la frégate de Sa Majesté *le Cambrien*, qui avait donné dans la rade, enveloppé d'une de ces épaisses brumes. Naturellement l'équipage dut penser que le phare et la côte adjacente, Halifax compris, étaient également couverts d'un impénétrable nuage ; mais je ne sais par quel caprice de la nature il se fit que la brume fut ce jour-là bornée à la pleine mer, de sorte que nous autres, qui étions dans le port, nous pouvions l'apercevoir à la distance de plusieurs milles de la côte s'étendant sur l'océan comme une énorme couche de neige dont l'extrême bord faisait face au rivage. *Le Cambrien*, perdu au milieu de ce banc de vapeurs, se supposa près de la terre et tira un coup de canon ; le phare y répondit, et le vaisseau et le phare échangèrent ainsi leurs signaux pendant la moitié du jour sans se voir l'un l'autre. Les gens du phare n'avaient aucun moyen de faire savoir à la frégate que, si elle voulait seulement attendre encore un peu, elle se débarrasserait du nuage dans lequel, comme le Jupiter du vieil Olympe, elle consumait en vain son tonnerre.

Enfin le capitaine, désespérant de voir l'horizon s'éclaircir, commanda à l'équipage de dîner; mais, comme le temps était d'ailleurs beau, sauf cette abominable brume, et qu'il y avait assez d'eau sous la quille, il fit gouverner le vaisseau vers le rivage sans discontinuer d'aller la sonde à la main. Vers une heure de l'après-midi, il commençait à s'inquiéter de sentir progressivement diminuer le brassiage et d'entendre le son du canon du phare de plus en plus rapproché; mais, ne voulant pas interrompre le dîner de ses matelots, il résolut de se porter encore sur le rivage pendant dix minutes. Tout à coup, à peine *le Cambrien* avait-il marché un demi-mille de plus, que le bâton de clinfoc dépasse le mur de vapeur, puis le mât de beaupré se montre au jour, et enfin la frégate tout entière sort du brouillard et brille aux rayons d'un magnifique soleil. Tous les bras en un moment sont en l'air pour faire de la voile, et les matelots, en courant sur le pont, ne pouvaient en croire leurs sens lorsqu'ils apercevaient derrière eux le banc de brume, devant eux l'entrée du havre avec les rochers escarpés du cap Sambro à gauche, et plus loin les navires au mouillage, pavillons et flammes se déroulant secs et légers au souffle de la brise.

Un sort bien différent, hélas! fut celui du vaisseau *l'Atalante*, capitaine Frédéric Hickey. Le matin du 10 novembre 1813, ce vaisseau se dirigeait vers le port d'Halifax par un temps très-sombre, étudiant soigneusement sa route avec le plomb, et ayant des hommes en vigie au bâton de foc, aux bouts de la vergue d'artimon, et partout où l'on pouvait espérer de voir la terre. Après le déjeuner, le capitaine fit tirer un signal de brume, espérant que le canon du cap Sambro, près duquel il croyait être, allait lui répondre. Au bout de quelques minutes, il entendit en effet un canon dans la partie du N. N. O. (nord-nord-ouest), exactement là où il devait estimer qu'était le phare. Le bruit s'accordant avec la position présumée du vaisseau, et les canons de *l'Atalante*, qui tiraient à quinze minutes d'intervalle, recevant une réponse régulière dans la direction de la côte, il résolut de s'avancer toujours de manière à entrer dans le port, guidé par ces sons amis. Une fatale coïncidence voulut cependant que ces coups de canon en réponse à ceux de *l'Atalante* fussent tirés non par le cap Sambro, mais par le vaisseau de guerre *le Barossa*, qui était aussi pris dans une brume, et qui supposa de son côté, comme *l'Atalante*, qu'il correspondait avec le phare.

Il était certes passablement dangereux de se diriger avec ces indications vers le port d'Halifax. Mais il est souvent du devoir d'un officier de risquer son vaisseau et sa vie. Or, le capitaine Hickey se trouvait chargé de dépêches relatives à la flotte ennemie, qu'il était important de remettre sans une heure de retard; tout semblait faire croire que la brume était de nature à durer une semaine; et, comme ses officiers et lui, qui avaient cent fois déjà fait la même route, la connaissaient aussi bien qu'aucun pilote, ils résolurent de ne pas attendre. Ils n'avaient encore parcouru que quelques milles, lorsqu'une des vigies s'écria : « Brisants en avant à nous! tout à tribord! » mais c'était trop tard : avant qu'il pût mettre la barre au vent, le vaisseau se trouvait parmi ces formidables récifs connus sous le nom de Rochers des Sœurs, ou chaîne de rochers de l'île Sambro. Le gouvernail et la moitié de l'étambot, avec une grande partie de la fausse quille, furent emportés au premier choc et flottèrent le long du bord. Il est à croire qu'une partie de la carène, chargée d'un lest de fer du poids de cent vingt tonneaux, fut arrachée des hauts du vaisseau, et que *l'Atalante*, qui à l'instant se remplit d'eau, fut ensuite remise à flot par les barriques vides, jusqu'à ce que les ponts ou les pièces latérales se crevassent ou fussent fracassées par les vagues.

Le capitaine, qui pendant toute cette scène resta aussi calme que s'il n'était rien arrivé de remarquable, donna ordre de jeter les canons à la mer; mais, avant qu'un seul pût être détaché, ou une estrope d'affût coupée, le vaisseau s'enfonça tellement que les matelots ne purent demeurer aux sabords. Ce fut donc avec beaucoup de difficulté qu'on put tirer quelques coups de canon en signaux de détresse. En même temps qu'il donnait cet ordre, le capitaine Hickey avait commandé de décrocher les bouts de vergues, afin qu'on se tînt prêt à mettre la pinasse à la mer; mais comme les mâts, privés de leurs fondements, vacillaient de côté et d'autre, tout l'équipage fut rappelé à son poste. Les bateaux de pilote furent alors mis à l'eau, non sans peine; mais le petit canot, qui se trouvait en réparation sur la dunette, frappa, en étant lancé par-dessus le bord, contre un des boute-hors de l'avant, creva et coula à fond. Le vaisseau cependant s'affaissait toujours sur son maître-bau, et l'ordre fut donné d'abattre le mât d'artimon et le bas mât, qui heureusement tombèrent, sans faire aucun dommage à la chaloupe, encore sur les porte-manteaux placés entre les deux gaillards. C'était la dernière espérance de l'équipage. En cet instant, le vaisseau se partagea en deux entre le grand mât et le mât de l'arrière : quelques secondes après, il se fendit en travers entre le mât d'artimon et le grand mât, de sorte que la pauvre *Atalante* n'était plus qu'un triple débris se démolissant de plus en plus à chaque mouvement de lames.

Pendant ce temps, la plupart des hommes de l'équipage s'étaient placés dans la chaloupe, toujours sur ses supports, espérant qu'elle pourrait rester à flot quand le vaisseau s'enfoncerait; mais le capitaine Hickey, voyant que la chaloupe, ainsi surchargée, ne pourrait jamais surnager, ordonna à vingt hommes d'en descendre, et, chose particulièrement digne de remarque, son commandement, prononcé avec le calme le plus parfait, fut aussi promptement obéi que jamais. Dans tout le cours de ces circonstances critiques, en effet, il paraît que la discipline fut maintenue, non-seulement sans la moindre trace d'insubordination, mais encore avec un courage et une gaieté vraiment extraordinaires. Alors même que les mâts tombèrent, le bruit des espars qui craquaient se perdit au milieu des houras joyeux, quoique, réfugié en quelque sorte sur le plat-bord compris entre les gaillards, l'équipage se vît menacé de plus en plus par les brisants, et dût s'attendre à chaque instant à couler à fond.

Aussitôt que la pinasse fut soulagée de la presse qui l'encombrait, elle se détacha de ses supports, ou pour mieux dire fut frappée par une lame qui la renversa sens dessus dessous, et la jeta dans le ressac parmi les fragments du naufrage. Les matelots cependant imitèrent la fermeté de leur capitaine; tenant les yeux fixés sur lui, ils ne perdirent pas un seul instant leur sang-froid, et, redoublant d'efforts, ils parvinrent non-seulement à relever la chaloupe, mais encore à la débarrasser des espars et à la préserver du choc des brisants de manière à la conduire à quelque distance pour y attendre de nouveaux ordres de leur capitaine, qui, avec quarante hommes environ, demeurait sur les tristes restes de son *Atalante*, naguère si belle et si admirée.

On essaya ensuite de construire un radeau, parce qu'on craignait que les trois embarcations ne pussent porter tout l'équipage; mais la violence des vagues s'y opposa, et il fallut se confier aux canots, déjà trop pleins selon toutes les apparences : la pinasse contint le plus grand nombre des hommes, qu'on mit sur le dos et entassés comme des harengs en barrique, pendant que les canots allèrent chercher le reste. Mais comment aborder les débris du vaisseau, qui disparaissait rapidement? Plusieurs de ces malheureux n'en purent sortir qu'à la nage, et les autres furent tirés à travers les brisants avec des câbles, quelques-uns même furent enlevés comme avec une fourche au moyen des rames et des petits espars.

Il y avait dans l'équipage un joyeux matelot nègre, un joueur de violon, qu'on découvrit en ce moment critique, cramponné aux chaînes des grands haubans, avec son *crémone* chéri tenu fermement, mais délicatement aussi, sous son bras, scène burlesque de détresse qui inspira quelques bons mots à ses camarades. Il devint bientôt nécessaire que le pauvre diable perdît une de ces deux choses, son violon ou sa vie, de sorte qu'enfin, après une douloureuse incertitude, ce fut le violon qu'il abandonna.

L'hésitation du musicien nègre naissait de la passion de son art. Un moment après, on trouva encore à rire aux dépens du secrétaire du capitaine, qui, poussé uniquement par le sentiment du devoir, s'oublia tout à fait lui-même pour sauver ce qui était confié à ses soins, et faillit ainsi se noyer. Ce zélé subordonné avait pour instruction générale que, lorsque le canon tirerait ou qu'il arriverait tout autre événement capable d'ébranler le chronomètre, il devait le tenir à la main pour empêcher que l'ébranlement n'en troublât l'exactitude. Aussi, dès que le vaisseau eut frappé contre les bas-fonds, le secrétaire ne pensa plus qu'à son chronomètre, qu'il apporta en courant sur le pont; mais, ne sachant pas nager, il fut forcé de se tenir au mât d'artimon, ne s'occupant absolument que de son précieux dépôt. Quand le vaisseau s'enfonça de plus en plus, et que le mât devint presque horizontal, il essaya de grimper et atteignit le mât de perruche, où il s'assit, tremblant et faisant la grimace comme un singe qui se sauve avec une noix de coco, jusqu'à ce que l'espar se détachât et qu'il fût submergé, son chronomètre et lui. Tous les yeux se tournèrent de ce côté, pour voir si ce patriotique secrétaire remonterait sur l'eau; à la grande joie de l'équipage, il reparut, son chronomètre à la main, et fut recueilli à demi noyé dans un des canots.

A l'exception de cet heureux chronomètre et des dépêches de l'amiral, que le capitaine avait mises en sûreté lorsque le vaisseau avait touché pour la première fois les récifs, tout fut perdu à bord.

La pinasse contenait soixante-dix-neuf hommes et une femme, le cutter quarante-deux, le gig dix-huit, et c'était tout juste ce que pouvaient porter les trois embarcations. Comme de raison, le capitaine Hickey fut le dernier à quitter *l'Atalante*. Cependant, telle était l'affection, tel était le respect qu'éprouvait pour lui son équipage, que ceux qui restaient avec lui sur le dernier débris du vaisseau témoignaient le plus grand regret de laisser ainsi leur commandant dans cette situation périlleuse. L'œuvre de la destruction du malheureux bâtiment fut si rapide, en effet, qu'à peine le capitaine avait pu prendre place dans le canot, lorsque tout fut englouti dans le gouffre des vagues. L'équipage cependant salua *l'Atalante* par trois dernières acclamations, en la voyant disparaître, et abandonna enfin les débris flottants de ce qui était, depuis près de sept années, sa maison et sa demeure.

La brume continuait aussi épaisse que jamais. Les habitacles avaient été submergés tous les deux, et il n'y avait plus de boussole. Le vent restait faible; il était très-difficile de naviguer en droite ligne. Dans cet embarras, on s'avisa d'un expédient qui réussit quelque temps. Comme on savait d'une manière vague de quel côté était située la terre avant le naufrage, les trois embarcations furent alignées à la suite l'une de l'autre dans cette direction. L'embarcation en serre-file quitta son poste à l'arrière-garde, et vint se placer en tête, prenant bien garde de ne pas dépasser les autres, de peur de se perdre dans la brume; puis ce fut le tour du nouveau serre-file d'en faire autant, puis le tour du troisième; ainsi de suite, l'un après l'autre. Cette lente manœuvre ne répondit pas longtemps à l'espérance qu'on en avait conçue, et l'on ne savait plus comment avancer, lorsque, précisément en ce moment du plus grand embarras, un vieux bosseman, nommé Samuel Shanks, se rappela qu'un petit cachet en compas pendait à la chaîne de sa montre. Cette précieuse découverte fut annoncée aux autres embarcations par une joyeuse acclamation partie de la pinasse. Ce compas, ayant été passé rapidement de main en main au capitaine, fut placé sur le haut du chronomètre, si magnanimement sauvé par le secrétaire; et, comme cet instrument marchait sur des balanciers de boussole, la petite aiguille y resta suffisamment assurée pour gouverner les embarcations dans quelques quarts de vents. C'en fut assez pour gagner la côte, dont les naufragés ne faisaient que s'éloigner de plus en plus.

Avant d'atteindre le rivage, ils rencontrèrent un vieux pêcheur qui les pilota jusque dans une anse appelée *Portuguese-Cove*, où ils débarquèrent tous en sûreté, à la distance de vingt milles d'Halifax. Les pêcheurs allumèrent de grands feux pour réchauffer leurs hôtes transis de froid, dont la plupart étaient légèrement vêtus et trempés d'eau, et d'autres perclus par d'affreuses crampes, tant ils avaient été serrés dans les embarcations. Quelques matelots, surtout ceux qui avaient quitté les derniers le vaisseau, ayant été obligés de se sauver à la nage, n'avaient gardé de vêtements que leurs caleçons, de sorte que le seul homme proprement vêtu de l'équipage était le vieux Shanks, propriétaire de la montre et du petit compas, vieux marin endurci aux mauvais temps et qui avait pris l'événement du naufrage comme une chose de tous les jours. Il avait même gardé constamment son chapeau sur la tête, excepté pour saluer une dernière fois son cher vaisseau, quand celui-ci avait coulé à fond.

Les mesures ultérieures furent bientôt arrêtées. Le capitaine partit pour Halifax avec les trois embarcations, emmenant les hommes qui avaient le plus souffert de la fatigue et ceux qui étaient le plus mal vêtus. Les officiers partirent avec les autres par la voie de terre, formant trois divisions aussi régulières que s'il se fût agi d'une expédition prévue. Le plus grand nombre des matelots manquaient de souliers, inconvénient d'autant plus sensible qu'il fallait traverser un pays très-imparfaitement défriché. Malgré cela, il n'y eut pas un seul traînard, et tout l'équipage, officiers, matelots et mousses, se réunit le soir à Halifax en aussi bon ordre que si le vaisseau n'avait éprouvé aucun accident.

Les particularités de ce naufrage sont dignes, je crois, de l'observation des marins. C'est par une combinaison assez rare de désastres qu'un vaisseau peut faire naufrage assez complétement pour être effacé, en un quart d'heure, de la surface de la mer, sans tempête, en plein jour, sur des récifs connus et près d'un phare, mais sans la perte d'un seul homme ou le moindre accident pour aucun de ceux qui sont à bord. D'un autre côté, il faut observer que, s'il y avait eu quelque infraction à la discipline, si la moindre impatience avait été montrée par les matelots pour se jeter dans les embarcations, ou si le capitaine n'avait pas eu assez d'autorité pour réduire le nombre de ceux qui s'étaient déjà emparés de la pinasse encore suspendue sur ses attaches, la moitié de l'équipage au moins eût péri. Ce fut donc surtout à l'influence personnelle du capitaine Hickey sur ses matelots qu'ils durent leur salut. Dans le commun danger, toutes les volontés, toutes les intelligences abdiquèrent pour ne voir et n'agir que sous l'inspiration de sa sagacité bien connue. Cette épreuve redoutable ne fit que resserrer les liens de la discipline au lieu de les relâcher, et le commandant, obéi au premier signal, eut toutes ses ressources naturelles à sa disposition pour lutter contre les difficultés de toute sorte qui l'entouraient.

Quelques hommes s'illustrent par leurs revers comme d'autres par de brillants succès. Le capitaine Frédéric Hickey put se consoler de la perte de son vaisseau en se disant avec raison : « Dans les mêmes circonstances, un chef qui aurait eu moins de sang-froid aurait perdu avec son vaisseau la plus grande partie de son équipage. »

XI.

Premier avancement.

L'année 1805 fut une des plus actives de notre croisière sur la côte d'Amérique. Immédiatement après la reprise des hostilités, j'eus lieu de me féliciter du parti que j'avais pris trois ans auparavant, lorsque notre digne capitaine laissa aux aspirants la faculté d'opter s'ils feraient le quart ou non. Je m'étais prononcé pour l'exécution de ce devoir, peut-être par dépit d'être estimé si peu utile, peut-être pour sortir de la situation insignifiante dan laquelle je me trouvais ; il en résulta que je fus en effet un des premiers que notre commandant trouva bons à quelque chose.

Sur chaque vaisseau que nous envoyions aux Bermudes ou à Halifax, après nous en être emparés, on plaçait un aspirant en qualité de maître de prise, et un autre pour lui servir de second, avec un certain nombre de matelots qui remplaçaient les prisonniers dans les manœuvres. Ce n'était pas un petit honneur que d'être investi de ce commandement en chef.

Il ne pouvait y avoir, peut-être, une meilleure école pour un jeune officier : aussi m'estimai-je fort heureux d'être constamment employé à ce service pendant presque toutes les croisières que nous fîmes. Je fus d'abord le second ; mais peu à peu je devins à mon tour un des maîtres de prise.

Or, tant qu'un aspirant demeure à bord de son navire, il n'est compté que pour un des innombrables petits rouages de la grande machine ; quelquefois le capitaine semble à peine se douter qu'un novice est composé de chair et d'os aussi bien que lui. J'en citerai un exemple :

« Eh bien ! monsieur l'étourdi, qui vous rend donc si langoureux et si triste aujourd'hui ? dit le capitaine à un pauvre aspirant qu'il venait de traiter comme un voleur.

— Puisque vous me le demandez, monsieur, je dois vous dire que la manière dont vous me parlez blesse mes sentiments.

— Vos sentiments ! s'écria le capitaine avec un éclat de rire ; vos sentiments ! Un aspirant qui a des sentiments ! ah ! ah ! voilà qui est parfait ! Que deviendrait le service, si tous les aspirants s'avisaient d'avoir aussi des sentiments ? Allons, monsieur, retirez-vous et sans répliquer, ou je vous fais monter pour dix heures dans les haubans du grand mât avec tous vos sentiments. »

Mais le même commandant change bien de ton

en parlant au même novice après une capture; car il arrive souvent que ledit novice aux *sentiments* inopportuns et indiscrets, au lieu d'être moqué, méprisé, injurié, est enfin traité en homme: le capitaine le fait venir dans sa cabine, lui lit ses ordres, l'instruit de la nature du devoir important qu'il va remplir, lui secoue cordialement la main et lui souhaite une bonne traversée. Le jeune marin se rend à bord de la prise. Cet enfant de la veille se trouve tout à coup au milieu de l'Atlantique, à un millier de milles de son port, chargé d'une haute responsabilité, et, en quelque sorte, le capitaine d'un vaisseau!

Pour prendre possession d'un navire qui s'est rendu, on envoie un officier dans un canot; cet officier reçoit du commandant prisonnier ses registres et autres papiers qu'il apporte au capitaine, qui les cachette après les avoir lus et les remet au *prize-master*. Celui-ci demeure chargé de les faire passer au conseil de l'amirauté.

Avant qu'une prise puisse être légalement vendue ou distribuée; il faut qu'elle soit préalablement condamnée par le conseil de l'amirauté. Pendant la dernière guerre, et sous l'empire de circonstances particulières, plusieurs vaisseaux ennemis, pris et condamnés, eurent leurs cargaisons partagées aussitôt, sans l'intervention des formes légales, ou, si l'on veut, *sans contrat et sans notaire*. Ces jours de gloire sont passés ! Je ne puis en parler en témoin oculaire ; cependant je sais de quelques officiers ayant eu part au pillage qu'ils se rappelaient involontairement alors ces heureux flibustiers que les dollars, les doublons, les crucifix d'or, les massifs chandeliers d'argent et les autres dépouilles opimes des ports de mer espagnols récompensaient de leur courage et de leur industrie.

Par quels étranges moyens les hommes parviennent-ils à tranquilliser leur conscience ? Tout le monde reconnaît maintenant qu'il est vraiment révoltant d'aborder la nuit à un rivage paisible, et, avant que l'aurore paraisse, avant que le soleil se lève, de saccager une demi-douzaine de villages, d'égorger de malheureux habitants qui ne se défendent même pas, et de piller toutes les églises, toutes les chapelles qui sont à portée du canon. C'est agir en flibustier que d'agir ainsi ; car les flibustiers ne se mettaient en peine ni du ciel ni de la terre, heureux quand ils pouvaient aller à la chasse de l'or, une corde autour du cou, insouciants également de péril et de gloire, et n'ayant d'autre mobile, d'autre désir, d'autre pensée que celle de remplir leurs coffres, n'importe comment.

Je serais fâché d'écrire un sermon contre la part de prise ; cependant je dois dire que l'homme qui n'éprouve aucun scrupule au moment du partage est plus ou moins digne du bon métier que je viens de décrire.

Mais le navire ennemi est pris, les prisonniers sont transportés à bord, un équipage est envoyé à leur place, et le jeune maître de prise est installé. Le voilà heureux, à la tête d'un bâtiment, avec un long voyage à l'horizon, et l'Océan tout entier devant lui.

Si c'est pour la première fois qu'un pareil fardeau de responsabilité pèse sur ses épaules, il ne se sentira pas néanmoins fort à son aise : toutes les difficultés, tous les dangers, tous les obstacles dont il appréhende la rencontre sur sa route lui apparaissent menaçants; et sa capacité, sa présence d'esprit l'abandonnent tout à coup. Jusqu'alors le nouveau caractère dont il est revêtu avait été le principal objet de ses désirs, le but le plus élevé de son ambition; mais il reconnaît maintenant que, lorsqu'il se vantait de posséder l'art de conduire un vaisseau au port, il avait envisagé la question sous un tout autre jour.

Il a un équipage qui est peu nombreux sans doute, mais c'est souvent une raison pour qu'il ne soit que plus difficile à diriger. Ce n'est pas tout : il faut qu'il se rappelle quels sont les vents régnants en telle ou telle saison, la situation des courants et les variations du compas, etc., etc.; il n'y a plus à plaisanter. A partir du moment où notre jeune officier se pénètre réellement des devoirs qu'il va remplir, où il les comprend et les apprécie à leur juste valeur, on peut dire qu'il est devenu tout à fait un autre homme. Sa taille, il est vrai, reste toujours la même; mais il grandit tellement à ses propres yeux, qu'il a peine à se reconnaître. Ses facultés se développent alors, un avenir plus vaste s'ouvre devant lui, des scènes plus riantes offrent à son imagination la perspective d'une gloire et d'une félicité dont il peut espérer de jouir un jour; il commence aussi à être persuadé que ses succès dépendent moins des autres que de son propre talent et de son propre zèle; car, s'il a franchi seul le premier degré, il peut raisonnablement espérer de franchir également les autres.

Quant à moi, je ne dormis pas une seule minute la première nuit qui suivit ma nomination au poste de maître de prise; j'appréhendais toujours quelque fâcheux accident; et, s'il m'arrivait de m'assoupir, de me laisser aller à un demi-sommeil, je m'imaginais aussitôt que les Espagnols, furieux, m'appuyaient un poignard sur la gorge et m'enlevaient ma belle capture. Puis, dans un autre rêve, le navire touchait un roc à fleur d'eau, la cargaison coulait bas, et j'étais obligé de m'en revenir dans un misérable canot avec mon équipage pour raconter au capitaine la déplorable histoire de mes infortunes. La seconde nuit, je fus en proie à une espèce de fièvre, et dans mon anxiété je mettais tout au pire. J'avais quitté le pont à minuit : le vent était alors si violent, qu'il semblait difficile que nous arrivassions au port sans avaries. Je m'endormis d'abord si profondément, que je n'entendis point le mouvement et le bruit du quart de minuit à quatre heures. Quand je m'éveillai, tout était tranquille; je ne m'étais point déshabillé, je me trouvai même tenant encore à la main le télescope dont je m'étais servi pour observer les étoiles. Je crus que le vent nous était toujours contraire, et, me levant brusquement, je remontai sur le pont. . . . . . .

La lune qui, à minuit, était au-dessus de ma tête, s'enfonçait alors à l'horizon occidental dans la direction du golfe de Mexico. Une ligne de brillants reflets scintillait comme une chaîne de phosphore sur les vagues écumeuses au milieu desquelles notre navire creusait le sillon de son passage. Cependant la surface des flots demeurait calme au loin, en dépit d'une brise légère qui venait expirer entre nos cordages sans enfler nos voiles, que la rosée des tropiques avait rendues humides et pesantes. En contemplant l'immense nappe d'eau immobile sur laquelle nous semblions à peine avancer, on aurait pu croire que l'Océan, les cieux et jusqu'au vaisseau lui-même n'existaient que par un effet d'optique, par une pure illusion.

Néanmoins, en regardant par-dessus la galerie du faux pont, je fus surpris de voir que nous filions au moins quatre nœuds et demi par heure; la nuit qui avait succédé à une journée étouffante était encore si chaude, que celui qui commandait le quart se promenait tête nue, sur le pont, pour prendre l'air. Il me dit que la brise contraire avait cessé, et qu'un vent sud s'annonçait comme devant être durable.

Il faut avoir passé quelque temps sur la mer, il faut avoir été dans un vaisseau exposé à tous les caprices des vents pour comprendre le bonheur qu'éprouve le marin lorsque son navire peut, de nouveau, prendre son essor sur les flots déchaînés. Toutes les voiles furent déployées; quant à moi, malgré la beauté de cette scène, je retombai dans mon premier sommeil et rêvai que je jetais l'ancre, avec ma prise, dans le port d'Halifax; je me voyais même courant à pas précipités vers la maison de l'amiral pour lui annoncer l'arrivée du bâtiment capturé, ce qui est toujours une bonne nouvelle. Je crois que ces perpétuelles alternatives de joie et d'inquiétude, de crainte et d'espérance, forment à la longue un jeune officier. Cependant il ne nous arriva rien de remarquable durant notre voyage, et, favorisés par le vent, nous atteignîmes heureusement Halifax.

Dans une autre occasion, je faillis faire naufrage par suite de ma négligence. Le vaisseau que j'avais alors sous mes ordres était un sloop américain capturé à la hauteur de New-York; je n'avais sous mes ordres qu'un contre-maître et trois ou quatre matelots. Le premier jour, *le Léandre* nous remorqua jusque vers Halifax; il n'avait jamais marché si vite, même dans sa jeunesse, ce pauvre vieux vaisseau, maintenant à demi usé, à demi rongé par les vers.

Une voile ayant été signalée par les vigies du grand mât, on m'ordonna de démarrer le câble de remorque. En un instant, au lieu d'être entraînés sur les flots à raison de huit ou neuf milles par heure, notre course, tout à coup ralentie, fut réduite à une couple de nœuds, tandis que le vaisseau s'éloignait fier devant nous avec la rapidité d'une flèche. Je me trouvai bientôt livré à moi-même, avec l'agréable perspective de faire, en huit ou quinze jours, un voyage qui n'en eût guère exigé que deux à la suite du *Léandre*. Je ne me rappelle pas avoir jamais été plus malheureux que dans cette occasion. Pendant que nous naviguions à la remorque, j'observai que, quoique sur le sloop nous n'eussions pas le moindre souffle d'air dans nos voiles, dont la plus haute ne s'élevait pas même à trente pieds au-dessus du niveau de la mer, les grandes voiles du vaisseau commandant étaient enflées par une légère brise qui l'entraînait sur l'eau, avec le navire conquis à sa suite.

Nous eûmes le bonheur d'être poussés par un léger courant, bonheur que nous dûmes à notre proximité du courant par excellence, ce gigantesque *Gulf Stream*, qui, après être sorti de l'océan Indien, double le cap de Bonne-Espérance, parcourt toute la région des vents du sud-est, traverse l'espace compris entre l'Afrique et le Brésil, puis l'équateur, l'archipel des Caraïbes, le golfe du Mexique, se précipite au travers d'une immense écluse par le détroit de la Floride, perd graduellement de sa force prodigieuse à mesure qu'il lave les rives des États-Unis, et se jette enfin dans les bas-fonds de Nantucket et les bancs bien connus de Terre-Neuve, après avoir balayé cent mers et des milliers de fleuves ou de rivières.

Nous avancions lentement, mais sûrement, et, comme le temps était beau et que nous étions en été, saison si délicieuse dans ces parages, notre course n'était pas sans quelque charme. Un vent frais et léger s'élevait du sud; fatigué de la chaleur du jour, que j'avais passé presque en entier au faîte du grand mât à regarder dans la direction de la terre, je me couchai tout habillé, et, après avoir donné au contre-maître, mon seul second, des instructions précises sur la manière dont il devait gouverner le navire, je m'endormis. Par malheur, mon indigne suppléant en fit autant, et je crois même que l'homme de la barre l'imita. Quoi qu'il en soit, nous laissâmes, par notre négligence, le vaisseau s'approcher beaucoup trop près de la terre. A minuit, je fus éveillé en sursaut par le contre-maître qui m'appelait de toutes ses forces, et qui s'écriait que nous étions en danger de faire côte. Je m'élançai sur le pont et fus saisi d'effroi. Il y avait effectivement de quoi s'épouvanter : quoique la nuit fût des plus noires, le clapotement des vagues qui se brisaient contre les rochers dont nous étions environnés ne rendait notre péril que trop apparent. Je me rappelle encore, en me reportant à ce moment terrible, que l'écume qui frisait la surface des flots était d'une blancheur si éclatante qu'elle projetait un pâle reflet sur nos voiles. Le bâtiment se dirigeait tout droit vers les récifs, vent arrière. La principale écoute avait molli jusqu'au point de toucher les agrès. En un instant, le gouvernail s'embarrassa; mais, comme le sloop se halait dans le vent, une autre ceinture de brisants qu'il ne pouvait doubler s'éleva contre lui. Virer de bord paraissait sa seule ressource; cependant, soit qu'il se fût écarté de sa route, soit que la principale écoute n'eût pas été tirée à temps, soit toute autre cause, pendant quelques minutes, *la Belle Marguerite* (c'était son nom) fut entre la vie et la mort, tantôt montant sur le dos d'une vague et s'élevant avec elle jusqu'aux cieux, tantôt disparaissant entre deux larges lames et s'approchant insensiblement des rochers. Déjà leurs pointes aiguës se dessinaient sur le firmament, couronnées de vagues écumantes qui dépassaient en hauteur le sommet de notre grand mât; déjà nos oreilles étaient assourdies par un bruit plus fort que le fracas du tonnerre.... cette scène ne sortira jamais de ma mémoire.

« Que faut-il faire maintenant? murmurai-je à demi-voix.

— Ce qu'il faut faire? s'écria le capitaine américain qui, ayant quelques années de plus que son maître de prise et beaucoup plus d'expérience surtout, savait d'ailleurs tout ce que pouvait exécuter sa *Marguerite*, l'orgueil de son cœur : Ce qu'il faut faire? Eh mais! dirigez *la Marguerite* si vous le pouvez, et je pense que vous le pouvez; allons, faites-la tourner sur son éperon : vous la verrez filer. »

Ce n'était ni l'heure ni le moment de disputer sur des points d'étiquette; aussi mon Yankie, joignant l'action à la parole, le fait au geste, et la pratique à la théorie, s'empara de la barre;

la gaffe descendit aussitôt, et le sloop s'éloigna comme s'il eût connu la voix de son maître légitime. Pendant une demi-minute notre arrière fit face au rivage; et je dois avouer que j'étais passablement embarrassé de ma personne. Cependant, au bout de quelques secondes, les récifs n'étaient plus visibles; nous étions sauvés des suites de mon incartade et de mon ignorance.

XII.

Effets du Gulf Stream.

Environ une année après, on me confia la direction d'une prise beaucoup plus importante, le même navire qui transporta Jérôme Bonaparte et sa famille en Europe ; on l'avait choisi de préférence à plusieurs autres navires américains, parce qu'il était le meilleur voilier de Baltimore. Comme je n'avais jamais vu de vaisseau marchand aussi parfait et dont les emménagements fussent aussi commodes, je fus naturellement tout fier de le commander, jusqu'à ce que de nouveaux et sérieux embarras vinrent rabattre quelque chose de ma gloriole.

Lorsque nous quittâmes *le Léopard*, nous étions à peu de jours de distance de la côte d'Amérique, à une centaine de lieues à peu près au nord-ouest des Bermudes, et par conséquent sous l'influence du *Gulf Stream* qui, ainsi que je l'ai dit, se prolonge dans une direction nord-est, en suivant les côtes des États-Unis. Ayant reçu l'ordre de conduire notre prise aux Bermudes, je me dirigeai vers le sud. Les vents contraires nous retinrent plusieurs jours dans le *Gulf Stream*, auquel nous fûmes forcés de faire de si amples concessions que, lorsque nous atteignîmes la latitude des Bermudes, trente-deux degrés et demi nord, il nous parut à peu près certain que nous étions à trente ou quarante milles environ à l'ouest de l'île, c'est-à-dire entre les Bermudes et la côte d'Amérique.

Les Bermudes étant fort basses, il n'est pas aisé de les apercevoir; outre cela, le groupe qu'elles forment est de si peu d'étendue, que les navigateurs les manquent, lors même qu'ils pilotent dans la direction où ils les croient situées. Cependant ceux qui sont pourvus de chronomètres n'ont aucune espèce de danger à courir en suivant la ligne droite; car ces instruments de marine sont maintenant perfectionnés au point de rendre impossible l'erreur de longitude qui ferait dépasser à un navire le gisement des Bermudes sans le voir. Les navires qui ne possèdent point de chronomètre, et qui, par conséquent, ne sont pas sûrs de leur longitude, trouvent ordinairement plus prudent de faire voile dans la latitude de l'île, puis de piloter en suivant une parallèle jusqu'à ce qu'ils soient en vue du but de leur voyage. La latitude est un élément de la navigation que l'on détermine toujours assez aisément, tandis que la longitude est, ou plutôt était le plus grand écueil qu'un marin pût rencontrer sur sa route. On comprendra donc facilement de quelle importance il doit être pour un vaisseau qui court dans une parallèle de latitude à la recherche d'un point dans l'Océan, tel que les Bermudes, de ne pas se tromper sur le véritable côté de l'île auquel il fait face; car, si ce navire se trouve arrière-avant, du côté oriental de l'île, et que, par suite de quelque erreur de calcul, le capitaine le croie arrière-avant du côté occidental, il gouvernera naturellement à l'est le long de la parallèle de latitude, au lieu de gouverner à l'ouest de l'île.

Je me trouvai précisément dans ce cas étrange, le *Gulf Stream* nous ayant entraînés quatre-vingts ou quatre-vingt-dix milles plus loin à l'est que je ne m'y étais attendu; la rapidité de ce courant à sa surface est, à ce qu'il paraît, accélérée ou ralentie par certains vents. Quoi qu'il en soit, et quelle que pût être la cause de cette augmentation extraordinaire dans la force du courant, il m'emporta si loin de mes prévisions, que, lorsque j'atteignis la parallèle de trente-deux degrés et demi nord, je me crus à soixante-cinq degrés et demi de longitude ouest, c'est-à-dire à environ quarante milles du côté occidental ou *américain* des Bermudes. Comme le vent soufflait assez fortement de l'est, je m'efforçai aussitôt de lui résister, dans la persuasion où j'étais que mon port gisait au vent. Il fut heureux pour moi que cette brise ne soufflât pas de l'ouest; on le verra bientôt.

Longtemps avant l'époque dont j'entretiens mes lecteurs, je m'étais familiarisé, en théorie, avec la méthode suivie pour connaître la longitude d'un vaisseau en mer, et le maître avait eu souvent la bonté de me laisser prendre son sextant pour examiner la distance angulaire qui existe entre la lune et le soleil, ou entre la lune et les étoiles fixes. Cet examen étant l'opération fondamentale du plus important de tous nos problèmes maritimes, il était clair qu'une pratique plus fréquente m'était nécessaire. Mais, comme je ne pouvais espérer d'acquérir jamais le talent exigé si je me contentais de l'usage accidentel d'un instrument d'emprunt, et que je n'avais pas les moyens de m'en acheter un, j'avais écrit à ma famille pour lui expliquer ces différentes raisons, qui lui parurent probablement convaincantes, car, peu de mois après, je me vis maître d'un des meilleurs sextants qui fussent à bord : il sortait des mains du prince des fabricants d'instruments de ce genre (Troughton). La possession d'un pareil trésor donna un nouveau degré d'activité au feu dévorant qui me consumait déjà, et je ne fus plus occupé désormais qu'à prendre des distances lunaires, non-seulement le jour, mais souvent toute la nuit. Ce fut au milieu de cette ardeur de pratique que l'on m'ordonna de conduire aux Bermudes le navire américain ci-dessus mentionné. Il n'est pas improbable que le sextant contribua un peu à procurer à son propriétaire cette honorable distinction.

Le jour où j'atteignis la latitude des Bermudes (trente-deux degrés et demi nord), je m'imaginai que le vaisseau devait faire face au côté occidental de l'île, bien que le soleil ne se trouvât pas à distance, comme l'on dit, et que je ne pusse conséquemment apercevoir aucune distance lunaire. C'est par suite de cette funeste méprise que nous continuâmes à courir toute la matinée à l'est, dans la persuasion que Bermude était à vol d'oiseau à l'est de nous, au lieu d'être, ainsi qu'elle l'était effectivement, à l'ouest de notre bau.

A mesure que le jour baissait, le ciel devenait plus clair, et, peu après le coucher du soleil, je mis mon sextant à l'œuvre. Avant que le crépuscule eût fait place à la nuit, j'eus observé quatre ou cinq traînées de lunaires. Mon travail ne fut pas infructueux : car la longitude, au lieu d'être de soixante-cinq degrés et demi ouest, ainsi que je l'avais calculé d'abord, pouvait être un peu plus de soixante-quatre degrés ouest, ou de quatre-vingt-dix milles plus loin à l'est; ce qui nous fit voir que, quoique nous fussions, comme nous l'avions supposé, à trente milles de distance de l'île, c'était du côté opposé à celui où nous nous étions d'abord imaginé être.

Que fallait-il faire maintenant? A bord du vaisseau commandant, l'exactitude ou l'inexactitude des calculs d'un simple aspirant n'étaient d'aucune importance; mais j'avais eu la présomption de me croire un observateur expert, et j'étais alors rempli de doutes et d'anxiété. Nous nous étions déjà dirigés en conséquence de la situation du *Gulf Stream*, et il était difficile de présumer que, dans le court espace d'une semaine ou de dix jours, nous eussions pu commettre une erreur d'un degré et demi. Il paraissait beaucoup plus naturel de croire à une méprise dans les chiffres du calcul, ou dans mon mode d'observation lunaire, qu'à une augmentation considérable dans la force du courant.

Le capitaine américain, qui, comme la plupart des commandants de vaisseaux de cette classe aux États-Unis, était un marin consommé, aussi obligeant et aimable que savant et habile, ne put monter sur le pont pour confirmer ou relever mes observations par les siennes, parce qu'il était indisposé; néanmoins il voulut bien les vérifier dans son lit : il les reconnut exactes et me conseilla de mettre la barre au vent et de gouverner à l'ouest.

Je n'osai pas d'abord ajouter foi à une décision

si flatteuse pour moi et croire mon travail irréprochable ; la raison me défendait d'écouter la voix de l'amour-propre. Pour me satisfaire, et avoir le cœur net des doutes qui s'élevaient dans mon esprit, je recommençai l'observation avec une attention soutenue et une minutie dont je n'ai peut-être jamais fait preuve par la suite. Le brave capitaine examina de nouveau mes calculs, et se livra à quelques observations qui eurent pour résultat d'en confirmer encore l'exactitude. Vers minuit, toujours agité de mille appréhensions pénibles, je montai sur le pont. Nous marchions assez rapidement, grâce à un vent frais qui enflait nos voiles ; mais il fallait que nous eussions toujours les regards fixés devant nous, à cause des récifs de corail dont les Bermudes sont bordées au levant. Au moment où la lune s'abaissa à l'horizon, nous diminuâmes notre voilure ; mais nous continuâmes à filer quatre ou cinq nœuds jusqu'au matin.

Lorsque le ciel, en se colorant de faibles lueurs à l'horizon, parut annoncer l'approche de l'aurore, mon anxiété devint plus affreuse et plus insupportable : armé d'une lunette d'approche, je tâchai de découvrir la terre dans la direction où je supposais qu'elle gisait ; l'éloignement et l'obscurité s'y opposaient encore. Enfin, à la première clarté du jour, j'aperçus les rochers de Saint-David, couronnés de cèdres aux branches sombres et d'orangers aux teintes plus claires, dont nous n'étions guère séparés que par une lieue et demie. Je fus sur le point de pousser un cri de joie.

Nous nous dirigeâmes vers l'entrée du port; et, après avoir hélé le signal pour demander un pilote, nous mouillâmes à la hauteur de Saint-George-Town, où j'eus la satisfaction de laisser ma prise en sûreté. Je ne fus pas peu fier quand je sus que nous étions arrivés avant notre propre navire. Les compliments que nous valut notre succès étaient dus en grande partie, il faut l'avouer, au sextant qui m'avait été envoyé si à propos; car, sans lui, nous aurions pu rester un mois en mer, et mourir peut-être de faim et de soif, puisque nous n'avions de vivres que pour peu de jours.

J'ai été si souvent à même d'apprécier, dans le cours de ma vie, les avantages de ces instruments pour les jeunes officiers, que je me hasarde à recommander à tous les parents dont les enfants se destinent à la carrière maritime de les leur mettre de bonne heure en main, et de regarder l'argent qu'ils y consacreront comme placé à de hauts intérêts.

Le grand objet qu'on doit avoir en vue est, ainsi que je l'ai déjà observé, de fournir le plus tôt possible aux jeunes gens l'occasion de donner l'essor à leur intelligence, et de savoir ce que c'est que la responsabilité.

Un vieux dicton, qui a cours dans le monde commerçant, porte que l'on ne peut jamais bien connaître un homme avant d'avoir fait quelque affaire avec lui. Cette maxime est applicable aux affaires maritimes, et à toutes choses en général. On ne peut savoir non plus ce que vaut un officier que lorsqu'il est placé dans une situation où il se trouve forcé d'agir seul d'après ses propres lumières, sans autre aide que lui-même, où enfin le succès puisse être profitable et la chute accompagnée de ridicule ou de honte.

XIII.

Changement de vaisseau.

Si la satisfaction d'un aspirant est grande lorsqu'on le charge de la conduite de quelque navire capturé, en revanche le plaisir de son retour au vaisseau est toujours mêlé d'un peu d'amertume : à bord de sa prise, ou à terre, après l'avoir amarrée en lieu sûr, il jouit de toutes les prérogatives et de tous les honneurs attachés au grade de capitaine ; il est réellement capitaine, sinon de titre, du moins de fait ; il est maître de ses actions ; il a un équipage sous ses ordres ; la responsabilité qui pèse sur lui est grande, je le sais, mais la gloire qui l'attend ne l'est pas moins, sans parler de la joie qu'on ne peut s'empêcher d'éprouver lorsqu'on a la conscience de remplir son devoir.

Pour ne parler que de moi, j'avoue que mon retour à bord du *Léandre* ne me parut pas fort agréable : au lieu d'avoir sous ma seule garde la vie de je ne sais combien d'hommes et dix mille livres de marchandises, je me vis réduis au commandement d'une chaloupe et chargé d'aller un beau matin à Halifax, par un froid assez piquant, chercher du bœuf pour le dîner de l'équipage! Moi qui naguère parcourais fièrement le pont de mon navire, moi qui pouvais, à mon gré, faire déferler ou ferler telle ou telle voile, je me trouvais impitoyablement ballotté dans un misérable bateau, mouillé jusqu'aux os par une pluie battante, et presque aussitôt, sans plus d'agrément, séché par le vent du nord-ouest.

Néanmoins, je suis porté à croire que ces alternatives si diverses, quelque douloureuses qu'elles soient pour l'amour-propre dans le premier moment, sont, par la suite, très-utiles aux jeunes gens. Un officier qui s'est accoutumé à une stricte obéissance, et qui quelquefois s'est trouvé lui-même chargé de commander, connaîtra également les difficultés de l'autorité et celles de la soumission. Il se mettra plus facilement à la place des gens qui sont sous ses ordres, et saura mériter, autant par sa justice que par son talent, leur estime et leur coopération cordiale.

La vie maritime, ainsi que je l'ai déjà fait remarquer, offre un singulier mélange d'activité et de loisir qui demande un grand art de la part du capitaine, s'il veut à la fois se faire aimer et se faire obéir.

Les jeunes gens ne devraient pas non plus oublier que l'impopularité d'un officier ne prouve pas toujours contre lui ; car ce n'est qu'au bout de plusieurs années, lorsqu'ils seront plus avancés en grade, qu'ils pourront juger sciemment de sa conduite. Je me suis souvent bien diverti et quelquefois édifié en relisant mes anciennes lettres, où je n'épargnais pas la censure à mes supérieurs, et cela par suite de certaines dispositions qui, je m'en aperçois à présent, n'étaient pas seulement judicieuses en elles-mêmes, mais très-bienveillantes pour moi.

Au printemps de 1806, notre amiral mourut : je ne sais quels furent les sentiments de mes camarades, quand survint ce malheur qui menaçait de nous disperser tous ; j'en fus, quant à moi, très-affecté. Il était si triste, en effet, de se voir tout à coup exposé de nouveau aux caprices du sort ! Cependant nous ne nous abandonnâmes pas nous-mêmes ; pour ma part, je ne négligeai rien pour me faire distinguer. Grâce aux démarches et aux sollicitations de mes amis, j'eus le bonheur de figurer sur la liste du nouveau commandant en chef nommé à la station d'Halifax, et qui ne tarda pas à arriver : le pavillon amiral passa du *Léandre* sur *le Léopard*, également de cinquante canons.

Plusieurs officiers et la plupart des jeunes aspirants suivirent le pavillon amiral. Il serait impossible de décrire le regret, je pourrais presque dire le chagrin, que quelques-uns d'entre nous éprouvèrent en quittant *le Léandre*, dont les vieux murs de bois nous avaient abrités près de quatre ans. Avec quel serrement de cœur je me séparai de chacun des objets qui m'étaient si connus! Je me rappelle encore, comme si c'était ce matin, le dernier repas que je pris à bord de mon pauvre navire, une tasse de chocolat et un biscuit sec, ainsi que l'exclamation qui le termina : « Serai-je aussi heureux sur un autre vaisseau que je l'ai été sur celui-ci? » Je trouve encore dans une de mes anciennes lettres quelques mots sur les avantages et les désagréments qui sont attachés au service, à bord d'un vaisseau commandant. Comme ce passage a été écrit sous l'influence du moment, je me contenterai de le transcrire :

« Je ne quitterai pas sans une vive peine mon vieux vaisseau *le Léandre;* car l'attachement qu'il m'a inspiré est naturel, puisque j'ai vécu si longtemps dans ses flancs et qu'il m'a porté ainsi qu'une mère porte son enfant. Cependant je n'aurai point à déplorer avec la même douleur la dispersion de mes camarades. J'en ai déjà changé au moins quatre fois. Quelques-uns ont été avancés, d'autres ont passé à bord d'autres navires, ou, fatigués du service, l'ont abandonné par dégoût, sans parler de ceux qui sont morts. Enfin, par suite de mainte et mainte cause, tant de changements divers ont eu lieu, qu'il en est très-peu d'entre nous, maintenant, qui aient été témoins de la pièce entière, depuis l'ouverture jusqu'à ce qu'on ait baissé le rideau. On gagne nécessairement plus d'expérience en voyant une foule de visages nouveaux, que si l'on était obligé d'étudier toujours les mêmes personnes. A la longue, le chagrin qu'on éprouve de certaines séparations s'affaiblit, et l'on se familiarise avec les adieux. »

XIV.

Une dernière vue des Bermudes.

Nous mîmes bientôt en mer ; nous parcourûmes de nouveau l'océan Atlantique, nous visitâmes les Indes occidentales, les Bermudes et la côte d'Amérique, capturant sur notre route Français, Espagnols et Américains ; nous divertissant au port, nous disputant sous voiles et formant toujours mille projets d'avancement futur et de réjouissances présentes. J'eus souvent le bonheur d'obtenir la permission de faire diverses expéditions à terre ; mais en relisant les notes où elles sont consignées, je ne trouve rien qui soit digne de l'attention du lecteur.

S'il est assez difficile de définir en quoi consiste une description fidèle, en revanche il est bien aisé à un critique de dire à un voyageur « qu'il n'a pas autre chose à faire qu'à rapporter ce qu'il voit et à exprimer ce qu'il sent. » Il pourrait tout aussi bien dire à un jockey arrivé au poteau que, pour gagner le prix de la course, il n'avait qu'à conduire son cheval le premier au but. Il y a, dans les deux cas, une foule de particularités dont les profanes ne se doutent guère.

La plus agréable et, à mon avis, la plus exacte description des Bermudes se trouve dans les *Odes et Épîtres* de Thomas Moore, ouvrage publié il y a plusieurs années. Ce qui explique pourquoi cette description est supérieure à une multitude d'autres, c'est que le poëte, accoutumé aux paysages des climats froids, a été vivement frappé de la beauté toute différente de celui qu'il a voulu dépeindre à ses lecteurs.

Les descriptions de Moore sont vraiment magiques, parce qu'au lieu de copier tous les détails d'un paysage, il n'en prend, comme par hasard, que les traits les plus caractéristiques. Il est toujours si heureusement guidé dans ce choix par son talent et son goût exquis, que ses compositions en ce genre sont, on peut le dire, le beau idéal de l'art.

Un voyageur ordinaire nous raconterait minutieusement le nombre et la grandeur des îles groupées dans un seul point de vue, ainsi que l'aspect des bateaux de pêche, la forme des maisons, le nom des arbres et les diverses couleurs du corail qu'on entrevoit à travers une eau limpide et claire; mais, arrivés au bout de cette narration, nous nous trouverions presque aussi ignorants qu'auparavant, et nous n'aurions, en vérité, aucune idée exacte des objets qu'il aurait voulu nous décrire.

« Saint-George-Town, dirait un écrivain comme celui dont je parle, est située dans une délicieuse petite vallée, au sud d'une île de médiocre grandeur; c'est la plus orientale d'un groupe connu sous le nom de *Bermudes* ou *Iles d'été*, et les mêmes que Shakspeare appelle *Bermoothes*. Aucun navire plus gros qu'un sloop de guerre ne peut pénétrer dans le port, à cause d'un banc de corail qui en barre l'entrée. Saint-George-Town est le siége du gouvernement. Vue de la colline qui s'élève en face, la ville présente un fort beau coup d'œil. Les maisons, qui sont en général très-petites et d'une blancheur éblouissante, sont entremêlées çà et là d'arbres si singuliers, qu'on s'aperçoit, dès la première vue, que l'on est en pays étranger. Les feuilles longues, larges et minces des plantains, des bananiers, des cocotiers et des divers individus de la grande famille des palmiers, qui ombragent d'une manière si agréable les balcons de cèdre de ces maisons, caractérisent si bien le climat et sont d'un aspect tellement local, qu'en les contemplant notre imagination prend tout à coup son essor, et nous nous croirions volontiers transportés dans un autre monde.

« La mer est si transparente aux Bermudes qu'on en peut voir le fond, qui est parsemé de fragments de mosaïque naturelle, de diverses coralines, d'herbes longues et luisantes, d'une innombrable variété d'éponges et de morceaux de safran pourpre, rouge ou vert. Les grottes, les rochers, leurs fentes et leurs anfractuosités sont remplies de coquillages, dont quelques-uns ne sont point inférieurs en beauté au corail ; telle est enfin la diversité de la nature terrestre et de la nature sous-marine, qu'on trouve à peine deux points de vue semblables.

« Après avoir franchi l'extrémité orientale de l'île Saint-Georges, on aborde à la grande île connue sous le nom de *Continent*, et qui, bien qu'elle n'ait que douze milles de longueur, est regardée par les insulaires comme d'une prodigieuse étendue : cette étendue est en effet étonnante, si on la compare à l'un des trois cent soixante-cinq îlots qui l'environnent.

« Au milieu de ce Continent, on trouve un grand bassin, ou bras de mer, appelé *the Great Sound*. En suivant une des routes qui le côtoient, on aperçoit dans l'éloignement plusieurs sites délicieux. »

C'est ainsi que s'exprimerait un voyageur ordinaire, écrivant en simple prose ; par forme de contraste, je ne puis résister au plaisir de citer le passage suivant du poëte que j'ai nommé. Ce passage fut écrit à l'époque où j'étais sur les lieux mêmes, c'est-à-dire en 1804. Il aura peut-être l'attrait de la nouveauté pour quelques personnes.

L'épître d'où cet extrait est tiré était adressée à la marquise douairière de Donegall. Après quelques heureuses allusions au bon goût de Sa Seigneurie et à son talent comme artiste, l'auteur poursuit ainsi :

« Ne vous êtes-vous pas, la nuit, au milieu de vos songes, égarée dans ces îles aux ombrages toujours verts, que les anciens poëtes plaçaient avec un art si ingénieux dans le sein de l'Atlantique, pour servir de demeure aux âmes heureuses? C'était là que les heures, des heures sans nuits, s'écoulaient délicieusement pour elles, tandis que les brises odoriférantes qui s'élevaient éternellement de l'Élysée soufflaient à travers le feuillage touffu des arbres. Leurs chants étaient au-dessus de tout ce que l'oreille humaine peut entendre de plus parfait, de plus mélodieux; car chacun de ces esprits était lui-même un luth dont les douces brises de l'Élysée faisaient résonner les cordes, un luth qui n'exhalait que des notes célestes. Chaque note, à son tour, était une pensée divine, une harmonie intelligente! Croyez-moi, quand d'aimables zéphyrs poussaient notre barque vers cette terre enchantée, vers ces îles ombreuses, enchâssées dans l'Océan comme des boutons d'émeraudes sur une ceinture d'argent, tous les charmes que l'imagination de la Grèce prêta à l'asile des âmes pieuses ne pourraient approcher de ces bosquets éthérés et de ce séjour des âmes.

« Le matin était ravissant et les vagues paisibles, lorsque le premier parfum que répandaient à l'entour les cèdres d'une colline nous réveilla agréament. Le port semblait nous tendre les bras. Nous nous laissâmes aller au souffle languissant de la brise, et nous nous frayâmes un passage au travers des rameaux qui semblaient embrasser amoureusement nos voiles, pendant que les îles voisines se réfléchissaient dans les ondes tranquilles, déployant à nos regards ravis la verdure d'un liquide gazon. Jamais navire ne glissa plus légèrement; jamais navire ne s'appuya sur ses ancres dans des eaux plus délicieuses! Le long du rivage, maint édifice resplendissant d'une blancheur aussi éclatante que le palais d'un gnome de Laponie éclairait les vagues transparentes, et dans les bosquets de myrtes se cachait timidement mainte habitation de fée, qui étincelait à travers le feuillage, etc. »

En parlant de son arrivée aux Bermudes, M. Moore s'exprime ainsi dans une note où l'on voit que le ciel le rend poétique malgré son désir évident de se borner à une simple description :

« On ne saurait trouver rien de plus pittoresque, dit [illegible] que le petit port de Saint-Georges; le nombre des îlots, la limpidité singulière de l'onde, l'aspect animé que présentent une foule de petits bateaux, plus gracieux les uns que les autres, et qui semblent tous voltiger de bosquets en bosquets, forment le plus charmant tableau en miniature que l'on puisse imaginer.

« L'eau est si claire, ajoute-t-il dans un autre endroit, que l'on aperçoit la base des rochers jusqu'à une très-grande profondeur. Lorsque nous entrâmes dans le port, ces rochers nous parurent tellement près de la surface des flots, qu'il semblait impossible de ne pas les effleurer. Cependant on n'a nullement besoin de s'aider de la sonde : le pilote nègre, qui voit ces rocs de l'avant du vaisseau, dirige cette périlleuse navigation avec une habileté et une adresse qui font l'étonnement même des plus vieux marins. »

Enfin M. Moore remarque que, « parmi les nombreux attraits que Bermude a pour un poëte, on ne pourrait oublier qu'elle est le lieu où se passe la *Tempête* de Shakspeare, et que ce fut dans cette île qu'il évoqua Ariel, le délicat Ariel qui vaut à lui seul tout l'Olympe de la vieille mythologie. »

XV.

Retour en Angleterre.

Nous partîmes des Bermudes sur le vaisseau de Sa Majesté *le Léopard*, le 27 février 1808, et jetâmes l'ancre dans la baie de Cawsand, à Plymouth, le 23 mars. Nous n'avions relâché, en route, qu'à Fayal, une des Açores, pour y faire une provision de fruits et de légumes. Nous poursuivîmes ensuite notre course à l'est, sans jeter l'ancre, et longeâmes les côtes de Terceire, île ainsi appelée parce qu'elle est la troisième de ce groupe singulier de montagnes volcaniques connu sous le nom d'îles Occidentales.

Comme je visitai plus tard ces îles dans une occasion plus favorable, je n'en dirai rien pour le moment, excepté toutefois que le pic de Pico, le plus remarquable de toutes les Açores, était plus beau alors que je n'ai jamais eu, depuis, le bonheur de le voir. Sa crête, qui s'élève au milieu des nuages jusqu'à environ neuf mille pieds, était couverte de neige, et se détachait sur un ciel sombre.

Ténériffe ne produit jamais autant d'effet, vu de loin. Le pic proprement dit a plus de douze mille pieds de hauteur, tandis que le Pico est environ de trois mille pieds moins élevé; mais il y a une différence notable entre les deux pics: celui de Ténériffe est assis sur un plateau de sept ou huit mille pieds, s'étendant d'un bout à l'autre d'une grande île, au lieu que le superbe cône du Pico s'élève immédiatement du sein des eaux, non pas brusquement, mais par gradations.

Ce n'est point l'élévation, il faut bien se le rappeler, qui constitue la beauté d'une montagne; il en est de même des édifices: ce n'est point leur grandeur qui les rend admirables. Le temple de Neptune, à Pestum, est assurément un monument moins gigantesque que le colossal dôme de Milan; Gibraltar est bien plus saillant que la plupart des sommets des Andes, quoique les Cordillères soient, en général, dix fois plus hautes que ce rocher célèbre, l'un étant à dix-sept cents et les autres à dix-sept mille pieds au-dessus du niveau de la mer.

Je m'honore d'être membre du club des Yachts, et, en cette qualité, je me réjouirais sincèrement si j'avais assez d'influence sur mes confrères amateurs marins pour les décider à entreprendre, en été, le petit voyage des Açores.

Nous fûmes favorisés d'un bon vent en quittant les Açores, et ce vent nous accompagna jusqu'à

Plymouth. Je n'oublierai jamais les sensations que fit naître en moi la vue des rochers qui bordent la côte d'Angleterre; il me serait impossible de décrire ce que j'éprouvai en mettant le pied sur le sol de ma patrie, après l'avoir quittée il y avait environ cinq ans et huit mois. Pendant ma longue absence, j'avais, il est vrai, entretenu toujours une correspondance fort active avec mes amis; cependant les correspondances ne suffisent pas toujours aux besoins du cœur, et je brûlais de les voir et de me montrer à eux. Quelques-uns de mes camarades avaient proposé de nous prosterner en débarquant, à la manière persane, et de baiser la terre, notre mère commune. Cette proposition avait été reçue par acclamation; néanmoins elle n'eut point d'autres suites : car l'aspirant, sentimental parfois après un dîner, l'est très-rarement à jeun. De plus graves occupations nous absorbèrent en effet : il nous fallut écrire afin de prévenir de notre arrivée tous ceux qui nous étaient chers et qui s'intéressaient à nous; il nous fallut leur faire part des mille projets de réunion, de plaisirs, de réjouissances que nous avions déjà formés.

Combien d'objets excitèrent notre curiosité et même notre étonnement! Un journal de Londres, fût-il vieux d'un ou deux jours, nous paraissait un phénomène à peu près incompréhensible; tout nous était nouveau ou étrange, les rues, les boutiques, les maisons, les voitures et jusqu'aux hommes; nous comparions tout ce que nous rencontrions à ce que nous avions vu, il y avait une semaine, aux Açores, et à peine un mois, aux Bermudes. Cependant ce qui nous surprit et, je puis le dire, nous chagrina le plus, fut de nous apercevoir que personne ne faisait attention à l'arrivée du *Léopard*, pas plus que si c'eût été un bateau de pêche au lieu d'un beau vaisseau de cinquante canons, portant pavillon amiral. Nous n'avions pas été accoutumés à cette indifférence à Halifax et aux Bermudes, où notre retour faisait toujours sensation et mettait tout le monde en mouvement.

Nous espérions, lorsque nous débarquâmes en Angleterre, que l'amiral serait nommé de nouveau à quelque autre station où nous l'aurions suivi; mais il en fut autrement, car le pavillon fut amené, et nous nous trouvâmes exactement dans la même situation où nous avait laissés la mort de sir André Mitchell, notre premier patron. Quelques-uns des aspirants, n'espérant plus désormais aucun avancement, et lassés par une longue attente, achevèrent de perdre patience et quittèrent le service; d'autres cherchèrent de nouveaux protecteurs; d'autres enfin, ne se confiant qu'à leur bonne étoile, tâchèrent de se faire recevoir à bord de quelque navire où ils pussent espérer de parvenir à un grade, sinon par faveur, du moins par leur zèle et leur aptitude. Quant à moi, je réussis à me placer et à obtenir de mon capitaine un congé de quinze jours, qu'il m'accorda sans difficultés en considération des six années que j'avais passées loin du lieu de ma naissance. J'en profitai pour partir aussitôt pour l'Écosse.

Comme il me serait impossible de rendre compte de mon arrivée dans mes foyers sans faire voile dans les parages domestiques, ce qui est tout à fait incompatible avec une relation de voyage, je m'abstiendrai d'en dire un seul mot.

Je crois que l'un des traits les plus caractéristiques d'un officier de marine est non-seulement de ne pouvoir demeurer en repos, mais encore de tourmenter les autres. Pour ma part, je dois avouer que je pris soin de ne point déroger à cet attribut distinctif de notre classe. Au premier échelon de la vie maritime, un jeune écolier transformé tout à coup en aspirant se croit de bonne foi un personnage, s'il a quelques poils au menton, signes précurseurs d'une barbe future, son nom barbouillé sur le registre du navire et un uniforme sur le dos; il ne donne alors aucun relâche à ses amis qu'ils n'aient trouvé le moyen de le placer sous les ordres d'un certain amiral, ou à bord d'un certain vaisseau. S'il lui arrive de tomber malade, il écrit à ses parents que le climat lui est contraire; ou bien il se dépite, se querelle avec son capitaine, s'acquitte mal de son service, et finit par se faire renvoyer et par revenir chez lui plus mauvais sujet qu'avant son départ. S'il a assez d'esprit pour éviter ces désagréments, il négligera probablement de donner de ses nouvelles, et déchirera ainsi le cœur de sa pauvre mère par de vaines inquiétudes. En résumé, il n'est point d'aspirant de marine ayant servi six ans qui ne soit un véritable fléau pour tous ceux qui lui sont alliés.

Passé ce terme de six années, notre jeune homme fera quelques réflexions : il sentira que, s'il ne s'efforce pas d'obtenir par lui-même de l'avancement, ses amis ne feront aucune démarche en sa faveur; il s'apercevra aussi, à sa grande confusion, qu'il existe des centaines d'aspirants plus anciens et plus habiles que lui, à qui leurs connaissances donnent naturellement le pas sur sa petite personne.

Ce fut le 1er juin 1808 qu'il me fallut subir mon examen à Somerset House; j'y trouvai réunis, dans une seule salle, vingt ou trente aspirants avec leurs amis, comme eux remplis d'anxiété. Quelques-uns, et c'est surtout à cela qu'il est aisé de reconnaître un fils de Neptune, « faisaient des boutons, » ce qui exprime, dans le langage maritime, cette action par laquelle un homme tourmente convulsivement les boutons de son habit ou de son pantalon. D'autres cependant, assis dans un coin avec *le Navigateur complet d'Hamilton Moore* sur leurs genoux, cherchaient à se rappeler les plus simples règles de la navigation, tandis que quelques-uns avaient l'esprit tendu sur des problèmes plus compliqués, ou tâchaient de se pénétrer des sublimes doctrines de l'observation lunaire. J'entendis plus d'un pauvre diable avouer tout haut sa paresse qui l'avait empêché de se préparer à l'examen redouté; j'en entendis aussi d'autres qui reprochaient amèrement au gouvernement de ne point entretenir un professeur sur tous les vaisseaux de la marine.

Les ouvrages qui traitent de sujets nautiques divisent seulement en deux grandes branches les devoirs de l'officier; il en existe une troisième d'égale importance, au moins, pour le bien-être de tout navire en mer et de la marine royale en particulier, je veux dire la science de la discipline. Il me semble que le tiers du temps qu'on passe à interroger un jeune aspirant et à examiner ses qualités serait beaucoup mieux employé à constater s'il a ou non quelque connaissance dans cette branche importante des doubles rapports de l'officier avec ses supérieurs et ses subordonnés.

Les pauvres aspirants dont je viens d'entretenir

mes lecteurs, quoique appelés l'un après l'autre, montaient deux à la fois pour être examinés; mais le premier entrait seul, tandis que le second restait à la porte. Quelle imitation plus parfaite d'un épisode du purgatoire que la situation de ce malheureux abandonné à ses appréhensions, et qui n'a, pour se distraire de ses terreurs, le plus souvent trop fondées, que la triste ressource de « faire des boutons? »

J'étais arrivé à dix heures du matin; mais il en était plus de trois et demie lorsque je fus appelé à mon tour. L'aplomb et la confiance que j'avais apportés en entrant m'avaient abandonné. Je m'étais senti, peu à peu, saisi des mêmes craintes qu'éprouvaient mes infortunés compagnons. Mon père, qui était resté avec moi tout le temps, devenait de plus en plus inquiet à mesure qu'il voyait la mine allongée de ceux qui s'en revenaient tristes, honteux et rejetés.

J'avais sur moi une lettre d'un vieil amiral, adressée par lui à l'un des capitaines examinateurs; il me l'avait donnée la veille, en m'enjoignant, lorsque je serais dans la salle, de la faire monter aussitôt. Cette lettre était scellée de façon que j'ignorais si elle était simplement d'*introduction* ou si elle contenait quelque requête en ma faveur. Cependant, comme je pensais que je pouvais parvenir tout seul et sans recommandation, je résolus de garder la lettre jusqu'à ce que mon examen fût terminé. Mais, vers la fin de la journée, lorsque mon courage s'évanouit presque en entier, je me repentis de ma magnanimité, et je commençai à considérer comme un devoir sacré pour moi de me conformer aux ordres de l'amiral. Je finis néanmoins par suivre ma première idée, et, quand mon tour vint, je montai l'escalier ayant encore l'épître dans ma poche.

Un jeune homme à l'extérieur assez épais, que j'avais vu toute la matinée le nez dans son livre et questionnant à chaque instant ses voisins, monta avec moi; mais il passa le premier, parce qu'il était inscrit avant moi sur la liste. Il sortit, au bout d'une demi-heure environ, pâle, défait, et la figure tellement renversée que j'eus de la peine à le reconnaître.

« Eh bien! me hâtai-je de lui demander, sont-ils aussi difficiles qu'on nous l'a dit? Quelles questions vous ont-ils faites?

— Vous l'apprendrez bientôt; je n'ai pas été reçu. »

Ce fut tout ce que je pus en tirer. En cet instant, les mots « Monsieur Hall! » sortirent de la bouche du messager. J'étais si atterré que je n'avais pas la force de bouger du lieu où j'étais; l'escalier semblait tourner autour de moi; tous les objets paraissaient se dérober à ma vue; j'oubliais même où j'étais.

« Monsieur Basil Hall ! » cria le même homme qui m'avait déjà appelé, mais cette fois-ci d'une voix qui m'assourdit comme un coup de tonnerre. Je me dirigeai, je ne sais comment, vers une petite pièce éclairée par une seule fenêtre, et à l'extrémité de laquelle trois personnes, dont l'air doux me rassura, étaient assises à une table couverte d'un cuir noir.

« Monsieur Hall, dit l'un des officiers, nous venons de renvoyer le jeune homme que vous avez pu rencontrer en entrant, pour lui donner le temps de se remettre. Nous commencerons donc par vous adresser la même question qui l'a fortement embarrassé pendant le dernier quart d'heure.

« Il avait fendu sa voile de perroquet, déralingué ce qui n'était pas emporté de la vieille voile, et avait réussi, avec un peu de peine, à faire presque entrer la nouvelle dans la hune ; mais il n'a pu lui faire passer la guinderesse. Que croyez-vous qu'il ait omis ?

— Il est probable, répondis-je, que, s'il a fait usage des halages du hunier, il a négligé de prendre le nœud. »

Je vis mes juges hocher la tête d'une manière significative, et je sentis renaître ma première assurance, lorsque je réfléchis qu'ils avaient hésité à renvoyer mon prédécesseur, dont l'ignorance devait être extrême, puisqu'il avait pu être intimidé par une question aussi facile que celle à laquelle je venais de répondre. En effet, l'examen, au lieu de devenir de plus en plus difficile, comme je m'y attendais et étais en droit de m'y attendre, finit par être si ridiculement aisé, que j'éprouvai le regret de ne pouvoir trouver l'occasion de déployer toute mon érudition maritime.

Maintenant, et je le dis avec un véritable plaisir, les examens sont infiniment plus consciencieux, et partant plus rigides.

Aussitôt qu'on m'eût annoncé que j'étais reçu, j'exhibai ma lettre. Celui à qui elle était adressée l'ouvrit et s'écria :

« Pourquoi ne m'avez-vous donc pas fait remettre ce billet ce matin comme on vous en avait prié ? J'ai, sur ma foi, grande envie de vous renvoyer pour montrer que vous ne savez pas obéir aux ordres que vous recevez ! Tenez, lisez vous-même. »

La lettre était ainsi conçue :

« Mon cher, comme le porteur de la présente, qui doit être examiné demain, sera accompagné de son père, qui désire, à cause de ses affaires, être libre de bonne heure, je vous serais obligé de vous occuper de lui le plus tôt possible.

« Votre, etc. »

Je répliquai que je croyais qu'elle contenait la prière de n'être pas trop rigide pour moi.

« Vous pensez donc, reprit mon juge, que nous aurions fait un passe-droit en votre faveur ? Mais nous vous avons reçu ; vos soupçons ne nous feront pas révoquer notre décision. Veuillez, en vous en allant, dire à votre camarade de rentrer ; nous verrons quelle chance reste encore pour son grand hunier, qui a ballotté tout ce temps entre le ciel et la terre. »

Je descendis rapidement les escaliers, rejoignis mes amis, et ne songeai plus à mon malheureux condisciple.

Longtemps après, cependant, plusieurs années au moins, je rencontrai un des capitaines qui m'avaient examiné, et je lui demandai ce que lui et ses collègues avaient fait du jeune homme en question.

« Il nous a, répondit-il, causé quelque remords. La vérité est que nous aurions dû ne pas le recevoir ; mais enfin nous le reçûmes en considération de ses connaissances *théoriques*. Peu de mois après, je vis dans les journaux sa nomination au grade de lieutenant d'un sloop de guerre. J'avoue que je me sentis assez mal à mon aise quand, dans le cours de la même saison, je lus le récit du naufrage de son navire, qui s'était perdu corps et biens. J'avoue que je ne pus m'empêcher de penser que ce funeste événement avait pu avoir lieu pendant le quart de ce jeune homme. Croyez-moi, monsieur Hall, si jamais vous êtes revêtu du même grade que moi, et que, comme moi, vous soyez appelé à examiner des jeunes gens, acquittez-vous de cette fonction importante avec moins de légèreté. »

L'examen passé, il me restait à tourmenter mes amis pour mon avancement; je ne connaissais aucune personne en crédit: car, bien que mon père fût membre du parlement, il s'était tenu tellement écarté des deux partis qui le divisaient, qu'il ne pouvait pas plus compter sur l'assistance de l'un que sur celle de l'autre. Il n'entrait certainement pas dans ses vues de demeurer toujours dans cette position intermédiaire; mais, comme il était tout nouveau à la chambre, il avait jugé convenable de sonder le terrain avant de s'engager sous une bannière.

Beaucoup de personnes se rappelleront l'attaque violente qui fut dirigée, pendant la session de 1807-1808, contre l'administration du marquis de Wellesley, qui était alors gouverneur général des Indes. L'enquête, comme on le sait, n'eut d'autre résultat que d'augmenter la réputation de cet homme d'État. Mais, à l'époque dont je parle, ses amis de la chambre des communes étant vivement pressés eux-mêmes, l'appui de quelque membre indépendant était fort important pour eux, surtout si ce membre pouvait faire preuve d'une connaissance approfondie du sujet.

J'ai oublié la raison qui porta mon père à diriger toute son attention vers les affaires des Indes ; néanmoins, je sais qu'après avoir examiné les charges qu'on faisait peser sur lord Wellesley, il finit par approuver sa conduite et par la défendre éloquemment. Cette circonstance fut d'autant plus agréable pour la famille du noble lord, que l'on savait partout que mon père ne parlait que d'après sa conviction ; il s'ensuivit des relations assez intimes entre lui et les amis du marquis, qui vinrent le remercier de l'appui qu'il avait bien voulu lui prêter.

Dès que je sus que le secrétaire de l'amirauté, M. Wellesley-Pole (maintenant lord Maryborough), était du nombre de ces personnes reconnaissantes, je suppliai mon père de me présenter au plus tôt chez lui. Peu de jours après cette cérémonie, on me remit un de ces gros paquets officiels, dont l'extérieur trahit d'abord l'origine ; il était adressé à mon père, qui, par malheur, était sorti. Voyant d'après la suscription que cette dépêche venait de l'Amirauté, je fus tenté d'en briser le cachet : pourtant je me contins ; mais ne pouvant me résoudre à attendre tranquillement le retour de mon père, je me jetai dans une voiture de place, et offris au cocher de lui payer le double de sa course s'il me transportait le plus promptement possible à la Cité. L'espérance de me voir muni d'une commission dûment écrite sur parchemin, et celle non moins flatteuse ni moins enivrante de lire mon nom imprimé en toutes lettres sur la liste navale du mois prochain, me remplissaient d'une joie vraiment inexprimable. Je mettais à chaque instant la tête à la portière pour accélérer encore la vitesse des chevaux; enfin j'arrivai dans Fleet-Street, et je descendis devant la maison d'un gentleman que mon père était allé visiter. Je sonnai à la porte, et mis presque à bas la sonnette dans mon impatience. Un valet de pied, qui vint m'ouvrir, m'apprit froidement, pour se venger de ma violence, que sir James était sorti il y avait un quart d'heure ou vingt minutes, et que je ne pouvais espérer de le rejoindre.

Lorsque je rentrai, je trouvai deux lignes de mon père, qui, ayant été obligé de sortir de nouveau sans savoir quand il reviendrait, m'enjoignait de laisser le paquet de l'amirauté sur sa table. Je restai encore plusieurs heures à l'attendre, demi-mort d'appréhension et de curiosité; il me tardait, en effet, plus que je ne pourrais le dire, de savoir si j'étais, en définitive, officier commissionné au service de Sa Majesté, ou simplement *M. Personne*. Pensant que le temps s'écoulerait peut-être plus vite en lisant les journaux, j'allai, dans ce dessein, m'asseoir au café de Hatchett. Au bout de quelque temps, la porte s'ouvrit et mon père entra, tenant à la main et tout ouverte la lettre de l'Amirauté. Lorsque j'eus jeté les yeux dessus, je laissai échapper un grand cri, qui fit croire aux garçons de l'établissement que j'étais subitement devenu fou.

Le précieux billet était ainsi conçu :

« M. Wellesley-Pole présente ses compliments à sir James Hall, et il est heureux de pouvoir lui adresser ci-joint la commission de son fils comme lieutenant de *l'Invincible.* »

En même temps que je fus pénétré d'une vive reconnaissance pour celui qui venait d'apporter un si grand changement dans ma destinée, je sentis que j'avais le pied posé sur le premier échelon de l'avancement, et qu'il dépendait uniquement de moi, désormais, de parvenir jusqu'au dernier.

Il est vrai que je sentis la nécessité de n'épargner aucune peine pour justifier la faveur dont j'avais été l'objet, en faisant voir que le secrétaire de l'Amirauté, avec la pénétration d'esprit qui caractérise sa noble famille, m'avait seulement payé d'avance les services qu'il comptait que je rendrais au pays. J'étais au comble de mes vœux : je n'avais désiré que l'occasion de me distinguer, et l'occasion se présentait à moi; aussi bâtis-je cette nuit, avant de m'endormir, mille châteaux en Espagne sur la meilleure méthode à suivre pour m'assurer le second échelon. Je ne doutais nullement qu'aussitôt que j'aurais l'âge requis pour être élu capitaine, c'est-à-dire une couple d'années de plus, je ne trouvasse encore quelque protecteur aussi bienveillant, aussi puissant, aussi éclairé et tout aussi disposé à bien servir la patrie en m'avançant en grade! Le sort en décida autrement, ainsi qu'on le verra par la suite; car il me fallut six années, six années d'une rude et pénible attente, six années de voyages dans tous les climats chauffés par le soleil, pour atteindre le poste que je croyais alors, peut-être avec assez de vraisemblance, beaucoup plus accessible qu'il ne le fut,

---

XVI.

Rockall.

Je ne fais pas *mes mémoires;* je réunis quelques souvenirs de bord qui me paraissent de nature à intéresser le lecteur. En voici un qui se rapporte encore à ma jeunesse et à l'époque où je servais comme deuxième lieutenant à bord de la frégate de Sa Majesté *l'Endymion.*

Un bon officier s'impose comme un cas de conscience de n'ordonner, autant que possible, aucune manœuvre aux matelots pendant qu'ils dînent. Cette attention devient une habitude qui accompagne à terre la plupart des officiers de marine, où ils ne souffriraient pas qu'on dérangeât, sans un prétexte urgent, les domestiques de leur maison lorsqu'ils sont à table. On peut exagérer ce principe jusqu'à le rendre ridicule; mais il n'en est pas moins bon en lui-même, et, à bord comme à terre, un capitaine s'est rarement repenti de l'avoir adopté. Un service cordial, celui qui naît de la bonne volonté, du désir d'obliger bien plus que des règlements et de la discipline, ne s'achète qu'avec des égards : l'exactitude, la bienveillance, sont des qualités réciproques.

Le 3 octobre 1811, nous croisions sur *l'Endymion* à la hauteur du nord de l'Irlande, par un beau jour qui succédait à un autre où avait presque soufflé un ouragan. Le maître venait de prendre son observation de méridienne, l'officier avait marqué la latitude, le capitaine avait dit qu'il était midi, et le boatswain sifflait déjà le dîner :

« Arrêtez! arrêtez! s'écria le capitaine; je veux d'abord virer de bord. — Sifflez la manœuvre, monsieur Pring! » dit l'officier du quart en s'adressant au boatswain. Ces mots, entendus sur les ponts, firent cesser soudain tous les bruits particuliers à cette heure d'appétit. Le cuisinier resta avec un énorme morceau de porc de six livres sur sa grande fourchette. Son aide cessa d'agréner la soupe aux pois, et tout l'équipage sembla paralysé. Le boatswain, s'étant arrêté au milieu de l'air du dîner, tira une nouvelle inspiration de sa poitrine et siffla l'air opposé, dont le son doit être obéi avec la dernière promptitude.

Il y eut alors une pause solennelle : un sombre silence régna sur tout le vaisseau dans l'attente de ce qui allait suivre. Tous les yeux se tournèrent vers le capitaine.

« Eh bien! non, mettez que je n'aie rien dit.

Nous attendrons ! reprit le bon capitaine. Laissons les matelots dîner ; nous ferons la manœuvre dans une heure ; les choses en iront tout aussi bien. »

Alors le boatswain, à un signe du lieutenant de quart, recommença à siffler le dîner. Et à ce son un rire joyeux courut de l'avant à l'arrière du vaisseau : ce rire n'exprimait pas le moins du monde un manque de respect; c'était au contraire l'expression d'une reconnaissante bonne humeur à l'approche du repas.

Bientôt on n'entendit plus que le bruit réjouissant des plats et des couteaux, avec le murmure de cette bonne causerie qui préside au dîner du bord. Quand vint une heure, tous les matelots furent appelés à la manœuvre; mais, presque au même moment, la vigie placée à la tête du petit mât de hune nous cria :

« Je vois quelque chose sous le vent.

— Quelque chose? Qu'entendez-vous par quelque chose? demanda le premier lieutenant, adressant en même temps un geste au maître installé au gouvernail, pour qu'il fît attention à la barre.

— Je ne sais ce que ce peut être, monsieur; mais c'est noir. »

Le lieutenant dit alors à l'aspirant du signal de monter au mât pour examiner avec sa lunette ce qu'apercevait la vigie.

« Cela m'a tout l'air d'un petit rocher, s'écria le jeune aspirant.

— Allons! reprit l'officier, il n'y a pas de rochers par ici. Nous ne pouvons tout au plus apercevoir que la pointe de Muckish derrière l'île de Tory. Tâchez de mieux distinguer.

— C'est une chaloupe, monsieur! cria l'aspirant; c'est une chaloupe en dérive, à trois ou quatre degrés sous le vent.

— Oh, oh! dit le lieutenant, cela peut être, monsieur. » Et il se tourna vers le capitaine, qui commanda de laisser arriver un peu la frégate pour vérifier cette étrange rencontre. En attendant, comme on ne pouvait faire bord sur bord, le quart fut sifflé à son poste; et une moitié seulement de l'équipage demeura sur le pont. Le reste descendit nonchalamment à fond de cale, ou se plaça au soleil, sur la galerie de l'échelle.

Il suffit de donner deux brasses à la misaine et à l'écoute, de faire fasier les voiles du perroquet et des huniers, et de choquer les boulines, pour que le léger *Endymion* s'élançât comme un lévrier délivré de sa laisse. En peu de temps nous reconnûmes que l'objet que nous poursuivions était en effet une chaloupe. Un peu plus près, quelques têtes d'hommes devinrent visibles, et puis divers individus, debout et agitant vers nous leurs chapeaux. Nous nous mîmes en panne au vent à eux, et envoyâmes un canot pour voir de quoi il s'agissait.

Comme nous l'avions supposé tout d'abord, cette chaloupe appartenait à un bâtiment qui avait sombré dans le dernier coup de vent. L'équipage était parvenu à mettre sa chaloupe à la mer et à y entasser vingt et une personnes, marins ou passagers, parmi lesquels deux femmes et trois enfants. Ces malheureux, à ce qu'il paraît, avaient découvert une voie d'eau au milieu de la tempête, et, les pompes devenant inutiles, ils avaient cherché à vider l'eau avec des seaux; mais, épuisés de fatigue et totalement découragés, ils s'étaient abandonnés au sommeil jusqu'à ce que le bâtiment fût près de couler à fond par son travers. L'approche d'une mort certaine leur inspira tout à coup un dernier effort pour se sauver. La chaloupe fut détachée, non sans peine, de ses supports. Tous ceux qui purent y entrer y prirent place, s'estimant heureux d'attraper deux petites rames avec un boute-hors de bonnette pour mât, auquel ils fixèrent un morceau de leur prélart[1] en guise de voile. Un jambon et trois gallons d'eau étaient toutes leurs provisions, et ils allaient ainsi à la dérive. Le maître du navire, deux passagers, deux matelots et une femme, avaient préféré demeurer à bord. Telle était du moins l'histoire

1. Large toile goudronnée de l'écoutille.

qui nous fut racontée par ceux que nous recueillîmes sur *l'Endymion*.

Le vent soufflait vers la terre lorsque la chaloupe avait quitté le bâtiment naufragé ; et, quoique leur mauvaise voile leur servît à peu de chose, les deux rames suffirent pour maintenir l'avant dans la bonne direction. Naturellement ils avançaient bien lentement ; de sorte que, lorsqu'ils montaient sur le sommet de la houle, qui était toujours très-longue et très-haute, par suite de la tempête récente, ils ne pouvaient découvrir au loin que la plate montagne de Muckish, sur la côte nord-ouest d'Irlande, à quelque distance du promontoire appelé le Cap Sanglant (*Bloody Foreland*).

Il n'y avait guère eu de discipline parmi cet équipage de naufragés, même alors que la brise leur était favorable ; mais, quand le vent changea et souffla de terre, ils s'abandonnèrent au désespoir, lâchèrent leurs rames, laissèrent déchirer leur voile en lambeaux, et consommèrent toutes leurs provisions solides et liquides. Tout à coup la chaloupe, incomplétement goudronnée, commença à faire eau ; et, comme ils en convinrent plus tard, sans le courage et la patience des femmes dans cette nouvelle crise, ils auraient tous coulé à fond. Comme le temps était à la fois pluvieux et froid, les pauvres enfants, trop jeunes pour comprendre leur situation ou l'inutilité de la plainte, ne cessaient de crier pour avoir de l'eau et des vêtements plus chauds. Lors même qu'ils furent transportés à notre bord, ces pauvres enfants criaient encore : « Oh ! donnez-nous un peu d'eau ! » et ces mots retentirent longtemps à notre oreille. Aucune des femmes n'était robuste ; au contraire, l'une d'elles semblait très-délicate : ce qui ne les empêcha pas de ranimer le cœur des hommes en les excitant à faire leur devoir, mêlant les reproches aux prières, et y joignant cet exemple de courage qui exalte souvent les femmes au-dessus de notre sexe, dans un péril extrême. Combien cela eût pu durer, je ne saurais le dire ; mais probablement la force eût tout à fait manqué à ces infortunés avant la nuit, d'autant plus que le vent, ayant fraîchi, les repoussait de plus en plus en pleine mer.

Les femmes, trempées d'eau et à peine capables de remuer la main ou le pied, furent déposées à bord presque dans un état de stupeur ; car elles étaient étourdies par le mouvement de cette scène, et leur force morale les avait abandonnées dès qu'elles n'eurent plus de motif pressant d'y avoir recours. Il y en eut une qui, en atteignant le gaillard d'arrière, nous glissa des mains, et, tombant à genoux, pleura abondamment, comme pour remercier le ciel de cette merveilleuse délivrance ; mais sa tête était égarée. S'imaginant que son enfant était perdu, elle se frappa les mains, et, se redressant tout à coup, s'écria : « Ah ! où est mon enfant, mon petit enfant ? » . . . . . .

En cet instant, un gros contre-maître, dont le nom ou le surnom (je ne sais plus lequel) était Billy Magnus, et qui passait pour n'avoir pas moins de cinq femmes, avec Dieu sait combien d'enfants, parut sur l'échelle de bord, tenant le marmot demandé dans son immense main, où il se tortillait en pleurant, comme Gulliver entre le pouce et l'index du fermier de Brobdingnag. La mère eut tout juste la force de reprendre sa progéniture à Billy, et retomba sur le pont, entièrement épuisée. . . .

Au moyen d'un bon feu, de thé chaud, de rôties et d'œufs, il fut facile de satisfaire à quelques-uns des plus pressants besoins de ces pauvres femmes ; mais l'embarras était de leur trouver des vêtements secs. Enfin, le capitaine s'avisa heureusement d'une ressource. Il envoya chercher par les officiers leurs robes de chambre, y ajouta une partie de ses propres hardes, et en fit faire des robes et des jupes parfaites, du moins jusqu'à ce que celles de ces dames fussent séchées. Les enfants furent couchés dans la même chambre, près du feu ; et c'était un spectacle réjouissant de voir les mets disparaître de la table, tandis que les femmes pleuraient, priaient et riaient alternativement.

Les matelots, plus endurcis, ne montrèrent aucun de ces symptômes d'émotion lorsqu'on les retira de la chaloupe; mais, courant instinctivement au charnier de la frégate, ils demandèrent en suppliant une goutte d'eau. La meilleure manière de les nourrir et de les équiper était de les distribuer entre les diverses gamelles, un pour chacune. Là, on les eut bientôt habillés, et ils mangèrent tant qu'ils purent, car le docteur, consulté là-dessus, répondit qu'ils n'avaient pas jeûné assez longtemps pour qu'il fût dangereux de leur donner autant de pitance qu'ils en voudraient avaler. Excepté le jambon dévoré dans la chaloupe, et qui, après tout, n'avait fait qu'une bouchée par tête, ils n'avaient rien mis sous la dent depuis trente-six heures, de sorte qu'on ne fit jamais mieux honneur au bœuf, au porc, au pain et aux autres provisions de la frégate de Sa Majesté. On leur en donna jusqu'à ce qu'ils demandassent grâce pour aller un peu dormir.

Peut-être quelques-uns des nôtres étaient-ils d'autant plus disposés à sympathiser avec ces malheureux, ainsi rencontrés à la dérive sur la mer, que nous avions nous-mêmes failli nous trouver, un mois auparavant, dans le même danger.

Par une belle matinée d'automne, juste une semaine après avoir levé l'ancre de Lough-Swilly, pour aller croiser au large du nord de l'Irlande, nous signalâmes une voile sous le vent. Nous arrivâmes aussitôt; mais personne ne put dire quelle était la voile chassée, ni de quel côté elle avait filé; du moins il n'y eut pas deux de nos anciens qui fussent d'accord sur cet article. Ces diverses opinions cependant n'en firent bientôt plus qu'une, ou à peu près, car il y eut quelques-uns de nos malins qui eurent la modestie d'avouer qu'ils étaient *intrigués*. De l'avis général, ce devait être un brick avec de hautes voiles très-blanches, tandis que les voiles basses étaient noires, comme si les voiles de cacatois étaient faites de coton, et la voile de misaine de toile à prélart; étrange anomalie en marine, il est vrai, mais, après tout, c'était la meilleure théorie à l'aide de laquelle nous pûmes nous rendre raison des apparences. Il ne fallut pas longtemps pour dissiper ces conjectures; car nous découvrîmes, en portant sur le mystérieux navire, que nous avions simplement chassé un rocher.... non pas un navire de chêne et de fer, mais un bloc solide de granit, sortant en quelque sorte de la mer à une plus grande distance de la terre qu'aucune île ou aucun îlot de la même dimension. Cette espèce de tache sur la surface des eaux, car elle semble flotter sur la mer, n'a que soixante-dix pieds d'élevation et cent toises de circonférence. Le plus petit point au crayon ne pourrait guère lui donner une place sur la carte sans exagérer ses proportions avec les autres îles de cet océan tempêtueux. Elle est située à cent quatre-vingt-quatre milles à l'ouest de Sainte-Kilda, la plus éloignée des Hébrides, à deux cent quatre-vingt-dix des côtes d'Écosse, et à deux cent soixante du nord de l'Irlande. Son nom est ROCKALL, bien connu des navigateurs de la Baltique qui fréquentent ces parages. Ce pic curieux est composé d'un granit noir; mais le sommet, ayant servi de lieu de repos, depuis le commencement des siècles, à des myriades d'oiseaux de mer, s'est à la longue revêtu d'une couche aussi blanche que la neige, qui le fait prendre de loin pour un navire sous ses voiles. Nous y fûmes trompés plus d'une fois pendant cette même croisière, quoique prévenus et connaissant bien sa situation. Je me souviens d'avoir un jour abordé trois navires, qui tous les trois, en comptant le nombre de bâtiments en vue, comprenaient Rockall dans le nombre, et ne reconnurent leur méprise que lorsque je le leur fis regarder à la lunette d'approche.

Comme nous n'avions rien de mieux à faire, nous résolûmes d'explorer et de visiter Rockall. Deux canots furent préparés à cet effet. Pendant que la frégate courait des bordées sous le vent de cet îlot, les artistes préparèrent leurs albums, et les géologues leurs marteaux pour une grande campagne scientifique.

Quand nous quittâmes le bord, la mer paraissait si unie, que nous pouvions nous flatter de débarquer facilement; mais nous trouvâmes sur les lieux une lame, haute de plusieurs pieds, sur laquelle nous n'avions pas compté. Un des flancs du rocher était perpendiculaire et à pic comme un mur; les autres, quoique escarpés et glissants, avaient assez d'inégalités sur leur surface pour nous permettre d'y grimper, une fois hors du canot. Mais il fallait avoir confiance dans nos pieds, avec une bonne dose de cette espèce de foi qui fait sauter un chasseur par-dessus une palissade. Un faux pas, ou la plus légère émotion, après que le saut était décidé, pouvait envoyer l'explorateur à la recherche des secrets de l'abîme où plonge la base de ce mystérieux rocher. Nous y débarquâmes enfin tous, marteaux, albums et chronomètres compris.

Comme nous attachions de l'importance à déterminer avec exactitude non-seulement la position, mais encore la forme du rocher, nous nous mîmes tous activement à l'ouvrage, ceux-ci pour en détacher quelques échantillons de granit, ceux-là pour en mesurer le tour au moyen d'une corde, tandis qu'un des canots allait jeter la sonde dans toutes les directions où le plomb pouvait atteindre le fond.

Au bout de quelque temps, nous vîmes une lame se former autour de nous, et nous nous demandâmes pourquoi la frégate, qui s'éloignait toujours, ne faisait pas une manœuvre pour conserver sa distance; mais, comme le jour était très-clair, nous nous inquiétâmes peu de quelques coups de rames de plus que nous aurions à donner, et continuâmes nos opérations. Je ne puis dire précisément à quelle heure un léger rideau de brume descendit tout à coup à l'horizon ; mais cette brume s'épaissit bientôt en un brouillard, et puis en une bruine qui ne laissa pas que de nous donner quelques soucis. Il fut immédiatement décidé que nous rentrerions dans les canots pour aller rejoindre *l'Endymion*, d'autant plus que nous avions fini notre travail et ne faisions plus que nous amuser à gravir les flancs du rocher.

Dans cet intervalle, la lame s'était peu à peu tellement élevée, que notre retour dans les canots fut deux fois plus difficile que ne l'avait été notre débarquement, et, ce qui était pire encore, nous perdîmes deux fois plus de temps, c'est-à-dire une demi-heure au moins. Il nous fallut même nous échapper, en quelque sorte, par une suite de sauts périlleux, nous fiant plutôt à la chance d'être recueillis par nos camarades qu'à notre adresse. Aussi ceux de nos compagnons que leur corpulence avait fait surnommer, au poste des aspirants, les « chrétiens à large poupe » tombaient avec un tel bruit parmi les bancs et les rames, que nous nous attendions à leur voir faire une trouée au fond du canot par leur lourde chute.

Heureusement aucun de ces accidents ne nous

arriva, et nous voguâmes vers la frégate avec notre équipage complet. Mais, à notre grande surprise et à notre plus grande désolation, *l'Endymion* n'était plus visible. « *L'Endymion* était de ce côté tout à l'heure, disait l'un. — Il était dans cette direction il n'y a qu'une heure, » disait l'autre. Mais plus d'*Endymion;* il était à une distance considérable évidemment. L'air avait perdu sa transparence : ce n'était plus le même horizon que nous avions devant nous; on aurait pu comparer la couleur de l'atmosphère à celle d'un verre d'eau où est tombée une goutte de lait, de sorte que, quoiqu'il n'y eût pas encore de brouillard proprement dit, il y avait assez d'humidité pour nous cacher l'objet de notre recherche, et nous restâmes fort embarrassés sur ce que nous avions à faire. Nous manœuvrâmes à quelque distance du rocher, supposant que quelque condensation de vapeur partielle et locale nous avait mis un voile devant les yeux; mais nous ne pûmes rien découvrir.

L'idée vint alors à quelques-uns de nos savants que, comme l'air condensé nous indique, par sa définition même, qu'il est plus pesant que l'air volatilisé, il pouvait se faire que des vapeurs humides se fussent appesanties sur la surface de la mer, et qu'ainsi nous fussions égarés dans un milieu épais de matières non transparentes. Ceci fut dit très-gravement. Le sommet du rocher, élevé à soixante pieds au-dessus de la mer, ajouta-t-on, pouvait être dans une région plus claire, d'où l'on pourrait apercevoir les têtes de mâts de *l'Endymion*, sinon le corps de la frégate. Il y avait une espèce de probabilité pédantesque dans la technologie de ces jeunes savants, et l'officier commandant de notre petite expédition, qui se mêlait aussi un peu de ces mystères scientifiques, se laissa persuader de tenter l'expérience. « A tout événement, pensa-t-il, ce sera un amusement ou une occupation. » De sorte qu'un matelot fut débarqué, le plus alerte de tous, et qui grimpa sur le rocher comme une chèvre.

Tous les yeux le suivaient. A peine fut-il parvenu au sommet du rocher qu'on lui demanda ce qu'il voyait, avec une impatience qui trahissait chez les officiers plus d'inquiétude qu'ils n'eussent probablement voulu en laisser voir à l'équipage.

« J'ai beau me tourner de tous côtés, je ne vois rien, cria le matelot, excepté quelque chose là-bas.... » (Et il nous montrait avec la main.)

« A quoi cela ressemble-t-il?

— J'ai peur, monsieur, que ce ne soit un banc de brume qui vient sur nous. » Et il avait deviné.

L'œil exercé du vieux matelot, qui, dans sa jeunesse, avait fait la pêche sur les bancs de Terre-Neuve, découvrit une ceinture de vapeur, un nuage de forme allongée, suspendu à l'horizon comme le premier aspect d'une côte basse. Peu à peu ce nuage descendit sous le vent, et enfin enveloppa le rocher, les canots et tout dans un manteau de brume si dense que nous ne pouvions voir à dix toises dans aucune direction.

Quoique notre situation fût aussi désespérante que tout à l'heure, il était curieux d'observer le flux et reflux continuels de la pensée humaine à mesure que les circonstances changeaient. Une demi-heure auparavant nous nous étions reproché comme une faute de ne pas avoir quitté l'îlot plus tôt, et nous nous félicitions maintenant d'avoir un point fixe de ralliement, au lieu d'être abandonnés au caprice de la pleine mer. « La frégate, nous disions-nous, ne peut manquer de retrouver tôt ou tard le rocher, et nous n'avons rien de mieux à faire que de ne pas nous en écarter. »

Cependant, comme ces brumes du nord de l'Irlande durent quelquefois deux jours ou même davantage, et que nous n'avions dans les canots ni une goutte d'eau, ni aucune provision, nous commençâmes à nous livrer aux suppositions les plus fâcheuses. Le vent allait toujours en augmentant, et les vagues poussées contre le roc se partageaient en deux lames qui, après avoir fait le tour de l'îlot, se rejoignaient sous le vent où nous étions. Leur choc était si violent que les canots en étaient agités comme des morceaux de liége dans le bassin où bouillonne l'eau d'un moulin.

Cette secousse était assez désagréable; mais notre crainte était surtout de nous voir déloger de notre lieu de refuge, tandis que les goëlands et les mouettes, comme s'ils se moquaient de notre péril ou étaient irrités de notre empiétement sur leurs domaines, tournoyaient et faisaient entendre leurs cris aigus sur nos têtes.

Comme nous n'avions évidemment rien de mieux à faire que de rester là, nous nous mîmes à babiller aussi gaiement que nous pûmes, chacun cherchant à cacher son anxiété à son voisin, ceux-ci avec beaucoup de succès, ceux-là sans y parvenir. Plusieurs allèrent trop loin; ils parlèrent si haut et si vite qu'il était facile de voir ce qu'ils avaient au fond du cœur. Un jeune aspirant reçut à ce sujet une rebuffade de son officier commandant. « Monsieur, lui dit-il, souvenez-vous que c'est ici un cas de service, et le devoir de chacun est d'être aussi calme que si nous étions en présence de l'ennemi. »

Cette circonstance critique, comme l'action du feu sur les métaux, fit ressortir chez les uns et les autres des qualités qu'on n'avait pas jusque-là soupçonnées. Quelques-uns de nos hommes, dont on avait fait peu de cas à bord dans les temps ordinaires, se conduisirent si bien pendant le peu d'heures que dura cette aventure difficile, qu'on les regarda depuis d'un œil différent, et il y en eut qui y gagnèrent de l'avancement; d'autres, au contraire, sur qui on croyait pouvoir compter, faiblirent et montrèrent une irritabilité nerveuse à laquelle on ne s'attendait pas de leur part. Aucune observation n'est perdue pour un chef qui veut étudier le caractère et les dispositions particulières des officiers et des subalternes de son équipage.

On sait que ce fut un des attributs les plus remarquables du génie de Napoléon et de Nelson, qu'ils ne manquaient jamais de découvrir du premier coup d'œil, et pour ainsi dire par intuition, les qualités caractéristiques des divers individus auxquels ils avaient affaire. Mais cette promptitude de perception n'est pas donnée à tout le monde. Il faut donc qu'un commandant y supplée par son attention à épier les symptômes minutieux que le hasard met en lumière, et qui donnent la clef de tout le caractère d'un homme. Qui sait même si ce n'est pas ainsi qu'avaient procédé les grands génies que je viens de citer? qui sait si ce n'était pas une habitude d'observation qui s'était convertie à la longue pour eux en une espèce de divination naturelle?

Mais j'oublie Rockall.

Pendant que nous étions à méditer sur nos caractères dans les canots, notre fidèle vigie, perchée sur la pointe du rocher, s'écria tout à coup : « Je vois la frégate ! » A cette nouvelle, les deux équipages répondirent par une acclamation simultanée qui alarma les goëlands et les mouettes, dont la troupe s'envola éperdue, en criant, à droite ou à gauche dans le sein de la brume.

Il s'était fait une brèche à la masse de vapeur qui nous entourait. A travers cette ouverture, nous pûmes enfin voir *l'Endymion* assez loin encore, mais sous toutes ses voiles et se tenant à la cape. Nous ne perdîmes pas de temps à rappeler notre vigie qui grelottait sur la cime du rocher. Il ne lui fallut guère moins d'un quart d'heure pour revenir à nous. Cela fait, nous fîmes force de voiles vers la frégate.

A peine avions-nous marché un quart de mille que le brouillard se referma sur nos traces, de manière à nous dérober entièrement la vue de Rockall. Nous nous en inquiétâmes peu, parce que non-seulement nous voyions alors la frégate, mais encore parce qu'il nous semblait, d'après ses manœuvres, qu'elle voyait aussi les canots. Voilà qu'au moment où nous exprimions cette conjecture satisfaisante, la frégate change de bord, nous prouvant ainsi qu'elle n'avait vu ni les canots ni le rocher, mais qu'elle cherchait *à tâtons*, pour ainsi dire, ses brebis égarées. Bientôt nous avions perdu nous-mêmes de vue et le rocher et la frégate.

Dans cette nouvelle disgrâce, il s'agissait de prendre un parti sans plus de retard, et nous nous déterminâmes à retourner à la recherche de Rockall. Ce fut certes un cruel désappointement pour nous de virer ainsi de bord. Heureusement que nous retrouvâmes l'îlot, et nous résolûmes de ne plus quitter ce fidèle ami jusqu'à ce que les circonstances nous permissent de retourner sûrement à la frégate. En attendant, nous nous amusâmes à former des plans pour notre résidence future dans ce petit désert, dans le cas où la tempête entraînerait loin de nous *l'Endymion* pendant la nuit. Si la mer devenait plus houleuse, si notre mouillage sous le vent devenait trop dangereux par le choc des vagues un moment séparées qui venaient s'y rejoindre, il fut arrêté que nous abandonnerions le plus lourd des deux canots, et que nous transporterions l'autre sur la cime du rocher pour y former, en retournant la quille sens dessus dessous, une espèce d'abri. Ces divers projets à la Robinson Crusoé, dont quelques-uns n'étaient que des jeux d'esprit, servirent du moins à nous distraire, jusqu'à ce que l'obscurité croissante nous apprît que le soleil s'était couché. Nos alarmes allaient devenir de plus en plus sérieuses, lorsque heureusement la brume, se dissipant soudain dans les airs, mit un terme à cette épreuve en nous laissant voir de nouveau la frégate. Il paraît que *l'Endymion* n'avait pas aperçu notre petite île en même temps que nous le découvrions, car il s'éloignait encore, ne sachant pas exactement de quel côté était situé Rockall. Ce fut, je crois, le plus pénible moment de l'aventure, et je n'oublierai jamais avec quelle sensation de joie nous vîmes la voile de foc mise en bannière et les autres indices qui annonçaient que la frégate venait à nous.

Il était nuit quand nous remontâmes à bord. Notre première question fut un reproche : « Pourquoi n'avez-vous pas tiré le canon pour nous diriger?

— Tiré le canon! nous répondit-on; comment! nous n'avons pas fait autre chose toutes les dix minutes depuis cinq à six heures. »

Chose étrange! nous n'avions rien entendu.

XVII.

Le tombeau d'un marin.

Il est peu de pays mieux connu des marins que Madère. Je veux parler des marins d'Europe, et surtout de ceux qui font voile des ports de la Grande-Bretagne. Madère se trouve directement sur la route de presque tous les vaisseaux qui viennent de la Manche, de la baie de Biscaye et des côtes de la Péninsule, ou de ceux qui sortent de ce singulier détroit de Gibraltar. Madère est située en quelque sorte au centre d'un cercle dont la circonférence contient, à la distance de deux cents lieues au moins, Gibraltar; Cadix, Lisbonne et les Açores. Ténériffe est à la distance de quatre-vingts lieues, presque au sud vrai; la côte nord-ouest d'Afrique est à cent vingt lieues à l'est. Ce n'est pas exagérer de dire que cette île enchantée jouit de presque tous les avantages, sans aucun des inconvénients de tous les points remarquables qui l'entourent.

Sa latitude est la même que celle de Maroc; et

cependant, quelle différence dans la salubrité de ces deux pays !

Madère a tout ce qui est désirable dans la chaleur de la Côte d'Or, moins son fatal *malaria* ou son despotisme tout aussi fatal.

La température de Madère n'est jamais aussi froide que celle de Saint-Michel aux Açores; l'air n'y est pas étouffant comme à Lisbonne; Madère n'est exposée ni à la fièvre jaune de Cadix, ni à la réclusion de Gibraltar.

Pour fixer la position de Madère dans votre mémoire, faites tourner un globe artificiel en parcourant sa latitude parallèle de manière à y rencontrer successivement tous les autres lieux remarquables de la terre qui sont situés à la même distance de l'équateur. Ainsi le parallèle à Madère touche presque Tripoli, Jérusalem, Cachemire, Nankin, le Japon, la Californie, Charlestown et les Bermudes. Dans ce circuit, quelle variété de climats et de nations se succèdent! Ah! quelle est l'imagination assez engourdie pour ne pas éprouver quelque intérêt de curiosité à la simple énumération de ces noms? Quel bonheur donc de les voir en réalité, sous leur aspect et leurs costumes particuliers, sous leur propre ciel ! Cependant un certain noviciat est nécessaire pour jouir complétement de ce rare privilége; car la première expérience n'est pas toujours heureuse. Moi, du moins, j'ai trouvé qu'il fallait faire plus d'une visite à Madère et autres lieux pour m'y familiariser au point de distinguer tous leurs charmes.

La vérité de ce paradoxe apparent sera bientôt reconnue par ceux qui ont l'expérience dont je me prévaux. Le premier aspect d'un lieu tout à fait inconnu éblouit l'imagination et l'expose à une généralisation désagréable. Ce n'est qu'à la seconde vue que les objets se classent dans notre réflexion, se laissent analyser et sont goûtés comme ils méritent de l'être.

Au milieu de l'été de 1809, nous reçûmes à bord un des plus intéressants valétudinaires que j'aie connus ; et le ciel a voulu que je n'en rencontrasse que trop dans le cours de mes voyages. Je veux parler d'une de ces personnes qui sont, comme on dit, sur la pente descendante du chemin de la vie, et y marchent d'un pas si rapide, quelquefois même si facile, qu'il leur semble courir à une partie de plaisir. Quelquefois, au contraire, ce chemin est semé d'embarras et d'obstacles pénibles : la victime d'une santé délicate sent la vie qui la quitte par chaque pore ; son âme est saine dans un corps épuisé ; toutes ses facultés lui survivent : espoir, vivacité d'impressions, elle n'a rien perdu en apparence, quand elle est avertie qu'il faut dire adieu à ce monde où elle croyait encore au bonheur. Quelles sources fécondes de leçons dans ces maladies dont on peut dire qu'elles nous condamnent à la mort au milieu de la vie, car il est difficile de ne pas éprouver un sentiment de respectueuse crainte en présence d'une personne que l'on sait devoir, sous peu de jours, sous peu d'heures peut-être, descendre dans la tombe. Dans cette occasion, il n'était aucun de nous à bord de *l'Endymion* qui ne se sentît personnellement intéressé dans la destinée de notre pauvre malade. Nous admirions tous avec douleur sa beauté, sa jeunesse et ses excellentes qualités, en pensant qu'avec tout cela elle avait peu de jours de vie devant elle.

C'était une jeune dame, d'un haut rang, accompagnée de son époux et de son frère. Non, jamais on ne vit tant de patience et de résignation dans la souffrance. Elle gagnait tous les cœurs. Le temps fût beau, délicieux même, la brise resta douce et la mer unie pendant tout le voyage, et, à mesure que nous avancions dans des contrées plus chaudes, le changement de climat était béni à bord par l'équipage avec une joie sincère, non pour nous, mais pour nos hôtes.

L'air de la mer, l'exercice et la vue de nouveaux parages concoururent d'une manière si extraordinaire à ranimer la jeune malade, que tous ceux qui n'avaient aucune expérience de ces perfides maladies en conçurent une vive espérance. Je me souviens qu'il y eut un moment où elle fut la seule à bord qui exprimât encore la crainte que le factice retour des couleurs sur ses joues ne fût d'une aussi courte durée que l'aurore boréale des climats que nous avions quittés. Quand on la regardait de plus près, on découvrait en elle cet air qui, selon la phrase poétique de Byron, « n'est pas de ce monde, » quoique, aux yeux de ceux qui ne l'examinaient pas avec tant d'attention, elle parût plus rassurée que personne sur son état. On voyait parfois aussi un groupe de matelots qui, silencieux et debout sur le gaillard d'avant, dirigeaient leurs regards vers la couche composée de pavillons et de manteaux de bord entassés sur le gaillard d'arrière, ou qui discutaient à voix basse les chances que nous avions de transporter « la dame passagère » jusqu'à *l'île*, comme en général les matelots appellent Madère par abréviation.

Indépendamment de tout intérêt particulier, les marins désirent toujours vivement que personne ne meure à bord, ou plutôt ils n'aiment pas qu'aucun corps mort reste parmi eux. C'est une superstition facile à comprendre chez des hommes dont la vie se passe pour ainsi dire sur l'extrême bord du tombeau, et qui ont déjà trop d'occasions de se souvenir qu'ils sont mortels, sans la présence de la mort elle-même. Ils s'imaginent encore que les requins suivront pendant toute la traversée le vaisseau qui porte un cadavre; enfin, la perte d'un mât, ou la persistance du vent contraire, ou toute autre contrariété sont attribuées par eux à la même influence. Aussi, dès qu'un homme de l'équipage meurt à bord, il faut voir comme il tarde à ses camarades de s'en débarrasser le plus tôt possible.

Il est inutile de dire que le chirurgien prodigue des soins assidus au mourant, qu'on a transporté de son hamac dans une couche plus large et plus commode, placée derrière un rideau de la « baie des malades, » comme on appelle l'hôpital du vaisseau. C'est l'usage que le capitaine passe par là chaque matin et y parle aux hommes alités. Je doute qu'il y ait un seul navire dans la marine royale où le vin, la viande fraîche, et tout ce qu'ordonne le docteur ne soit pas envoyé de la table du capitaine et des officiers aux hommes malades dont l'état exige un régime plus généreux que l'ordinaire du bord. Quand celui qui découpe a servi ses camarades, il se tourne ordinairement vers le chirurgien et lui dit : « Docteur, qu'enverrai-je aux malades? » Mais d'ailleurs le steward serait réprimandé, s'il oubliait de s'informer des besoins de la baie des malades. Peut-être le rétablissement des convalescents dépend-il encore moins de ce supplément de bonne chère en lui-même, que de l'effet moral que produit l'attention des officiers.

J'ai généralement remarqué aussi que c'était d'un excellent effet sur l'équipage de voir le capitaine visiter le lit de mort du moindre matelot. On ne se fait pas idée de leur reconnaissance pour la plus légère faveur qu'on leur accorde. Rien n'affermit mieux la discipline du navire que ces égards qui coûtent si peu à la dignité véritable du supérieur et lui prennent si peu de temps. Il faut qu'un chef montre adroitement aux hommes placés sous ses ordres qu'il les considère comme étant de la même espèce que lui : un chef qui sait se faire aimer par ce moyen facile est sûr d'être obéi de meilleur cœur, avec un redoublement d'énergie et de confiance; qu'il soit sévère dans le service, peu importe, pourvu qu'on soit bien persuadé qu'il est guidé par un sentiment de justice impartiale, et qu'il met au nombre de ses devoirs l'obligation de s'occuper du bien-être de ses subordonnés.

Je recommanderai donc vivement à tout capitaine de se montrer, ne serait-ce qu'un instant, au lit des marins de son équipage que le chirurgien lui désigne comme près de mourir. Qu'il s'en approche, non par hasard, ou dans le pompeux appareil avec lequel nous lisons dans les feuilles publiques que de grands généraux visitent les hôpitaux; mais, chaque fois que la même circonstance se présente, avec le calme de la vraie bienveillance et la juste sympathie que l'on doit à l'homme qui périt à son poste pour le service de son pays. L'éclat d'une semblable mort est inférieur sans doute à celui qui entoure les combattants sur le champ de bataille, mais n'oublions pas que c'est en raison de cela même que le sacrifice mérite d'autant plus nos égards. Celui qui est tué les armes à la main a une magnifique gazette pour enregistrer ses exploits, et l'on peut dire que tous ses concitoyens assistent à son trépas. Mais le mérite est-il moindre, n'est-il même pas plus grand, lorsque que le soldat ou le marin meurt d'une fièvre dans une région lointaine, sans héraut pour proclamer son nom, sans témoins pour plaindre ses souffrances? En luttant contre des climats funestes, contre un air empesté, il a eu à braver pour le service du pays des ennemis souvent plus formidables que ceux qui manient la pique et le fusil; qu'on ne néglige rien pour prouver non-seulement à cette victime du patriotisme et de l'honneur national, mais encore à ses camarades et à sa famille, qui va être privée de lui, que son dévouement sera apprécié.

Je me souviens d'avoir entendu dire par un capitaine de vaisseau à un pauvre diable expirant qu'il était heureux de le voir si gai dans ce moment suprême. « Avez-vous quelque chose à me demander? ajouta-t-il.

— J'espère, monsieur, répondit le matelot en

souriant, que j'ai rempli mon devoir à votre satisfaction?

— Oui, mon garçon, certainement, reprit le capitaine, à ma satisfaction et à celle de votre pays aussi.

— C'est tout ce que je désirais savoir, monsieur, » dit le moribond. Ce peu de mots, bien simples, ne coûtèrent pas cinq minutes au capitaine, mais furent cités avec gratitude par les hommes qui étaient sous ses ordres, et continuèrent, avec quelques autres actes de bienveillance paternelle, à consolider son autorité.

Si un matelot qui sait qu'il va mourir a un capitaine qui lui plaît, il prie assez ordinairement le chirurgien de lui demander qu'il lui accorde la faveur d'une visite, rarement pour importuner le commandant par quelque commission, mais uniquement pour lui dire adieu.

Nul officier, assurément, ne refuserait une pareille entrevue; mais il me semble que l'officier devrait toujours la proposer le premier, parce qu'il est plusieurs matelots qui, tout en la désirant, n'oseraient, par respect, prendre la liberté de la demander, même au moment où toutes les distinctions vont s'effacer.

Enfin, le pauvre matelot rend le dernier soupir. Peu d'instants après, ses camarades de gamelle le préparent pour son humide tombeau, assistés du maître voilier, et en présence du capitaine d'armes. Ils le cousent dans son hamac, et, lui ayant fixé deux boulets aux pieds, ils déposent le corps, assez semblable à une momie d'Égypte, sur un panier à claire-voie. Quelques parties de la couverture et des habits du mort sont toujours introduits dans cette espèce de suaire, apparemment pour dissimuler un peu la forme humaine. On le transporte ensuite à l'arrière, et là, on le place en travers de l'écoutille; puis, le Jack ou pavillon de l'Union est déployé sur le tout. Quelquefois, le corps est mis entre deux canons au-dessous du gaillard; mais plus généralement c'est où je viens de le dire, en arrière du grand mât.

J'aurais dû ne pas oublier de faire remarquer qu'aussitôt que le chirurgien n'a plus de soins à donner, il se rend au gaillard d'arrière, et apprend à l'officier du quart qu'un de ses malades vient d'expirer. N'importe à quelle heure du jour ou de la nuit la chose arrive, le capitaine en est immédiatement informé. En même temps, le capitaine d'armes reçoit de l'officier du quart l'ordre de prendre possession des vêtements du mort, et bientôt après ses camarades procèdent à la préparation du linceul.

Le lendemain, en général, sur les onze heures, un des maîtres, ou un simple matelot, sonne les funérailles sur la cloche des demi-heures, et tous ceux qui sont présents s'assemblent sur les galeries, sur les boute-hors et autour du grand mât, tandis que le gaillard d'avant est occupé par les officiers.

Dans quelques vaisseaux (il devrait en être ainsi dans tous), c'est une obligation pour les officiers et pour l'équipage d'assister à la cérémonie. Il s'agit de donner une juste marque d'égards à un frère d'armes, et l'on ne doit pas s'en rapporter au caprice de chacun. Je comprends qu'on fasse une exception dans des voyages où la fatigue est grande, et qu'on se contente alors d'appeler sur le pont les hommes du quart. Je ne parle pas non plus des circonstances extraordinaires, d'une épidémie par exemple, quand il y a une mort par heure. La cérémonie peut alors être abrégée encore, et le nombre des assistants limité au nombre d'hommes en faction sur le pont. D'ailleurs, dans ces époques critiques, en général, les funérailles suivent immédiatement la mort.

Pendant que les hommes de l'équipage se rendent sur le gaillard d'arrière, avertis par la cloche, le panier à claire-voie sur lequel est placé le corps est enlevé par les camarades de gamelle du défunt, qui le mettent sur l'échelle de bord. Les épontilles volantes sont démontées, et l'on fait au filet de bastingage une ouverture suffisante.

Le corps reste toujours couvert du pavillon dont

j'ai parlé déjà, les pieds projetés sur le plat-bord entre les gaillards. De chaque côté se rangent les matelots.

Une corde, qu'on dissimule comme on peut dans ces arrangements, est attachée alors au panier à claire-voie, et l'on verra pourquoi.

Tout est prêt : le chapelain, s'il y en a un à bord, ou sinon le capitaine, ou tout autre officier délégué par lui, vient sur le gaillard d'arrière, et commence ce beau service funèbre qui, bien que trop familier à nos oreilles, ne manque jamais, je l'ai observé, de fixer l'attention même des hommes qui ont le plus de rudesse et le moins de réflexion. Naturellement la cloche s'est tue ; chacun se tient debout, en silence et nu-tête, pendant qu'on lit les prières. Les marins, malgré toute leur irrégularité de mœurs, sont très-enclins à être sincèrement religieux, et, quand l'occasion se présente, ils se conduisent, sous ce rapport, tout aussi décemment que leurs concitoyens à terre. Quoi qu'il en soit, on ne peut trouver un auditoire plus attentif et extérieurement plus respectueux que celui qui s'assemble sur le pont d'un vaisseau de guerre pour les funérailles d'un matelot.

Il n'est aucune différence matérielle dans la forme du service funèbre, qu'il ait lieu à bord ou à terre, excepté là où il est fait allusion au retour du corps à la poussière d'où il est sorti originairement. Peut-être ferait-on tout aussi bien de n'y rien changer, car l'Océan peut bien être pris dans ce sens comme partie de la terre; mais, puisque le changement a paru nécessaire, il ne pouvait être fait avec plus de goût.

A terre le service des morts contient les paroles suivantes :

« Puisqu'il a plu au Dieu tout-puissant, dans sa miséricorde infinie, d'appeler à lui l'âme de notre frère bien-aimé, ici présent, nous confions son corps à la terre, poussière à poussière, cendre à cendre, avec l'espérance certaine de sa résurrection ! »

Il n'est peut-être aucun de mes lecteurs, puis-je dire, qui, dans sa vie, n'ait assisté aux funérailles d'un ami et ne se rappelle la solennité de cette partie de la cérémonie. Pendant qu'on prononce ces mots, on jette dans la fosse trois poignées de terre qui retentissent sur le cercueil avec un bruit sourd et lugubre, qui ne ressemble à aucun bruit que je connaisse.

Dans le service des trépassés sur mer, voici la variante du passage de la liturgie :

« Puisqu'il a plu au Dieu tout-puissant, dans sa miséricorde infinie, d'appeler à lui l'âme de notre frère bien-aimé, ici présent, nous confions son corps à la mer pour y être livré à la pourriture, mais en attendant la résurrection où la mer rendra ses morts pour la vie à venir. »

Aux premiers mots de cette partie du service, un des matelots se baisse, et dégage le pavillon qui couvre les restes du mort, tandis que les autres, aussitôt qu'on dit : « Nous confions son corps à la mer, » lancent le panier dans les flots. Le corps, chargé de deux boulets à l'une de ses extrémités, se détache du panier et plonge soudain au fond de l'Océan.

In a moment, like a drop of rain
He sinks into its depth with bubbling groan,
Without a grave, unknelled, uncoffined, and unknown.

« En un moment, comme une goutte de pluie, il tombe dans les profonds abîmes, avec un bouillonnement qui bruit et s'efface, sans tombeau, sans cercueil et inconnu[1]. »

Cette partie de la cérémonie est peut-être moins imposante à bord qu'à terre; mais il y a encore quelque chose de solennel aussi bien que d'inattendu dans cette chute soudaine, suivie du bruit du panier qu'on remonte sous les chaînes des grands haubans.

Par un beau jour et une mer calme, quand tous les officiers et l'équipage sont rassemblés, cette cérémonie, quoique triste, sévère en elle-même, a souvent, tout bien considéré, un charme mélan-

1. Citation du *Childe-Harold* de lord Byron, IVe chant, apostrophe à la mer. (*Note du traducteur*.)

colique, et elle laisse même de douces impressions à l'esprit.

Cependant il est telles circonstances aussi lugubres que pénibles, et bien capables d'affecter les cœurs les plus durs : la plus frappante dont je me souvienne, parmi le grand nombre de celles que j'ai vues, se passa sur notre vaisseau amiral, non loin des côtes de l'Amérique du nord.

Il y avait à bord un petit aspirant si délicat, si faible, qu'évidemment il n'était pas né pour la profession de marin; mais sa famille et lui-même en avaient pensé autrement. Comme ses forces physiques n'étaient pas en rapport avec l'ardeur de son âme, on reconnut bientôt en lui les symptômes d'une fatale décadence. C'était l'enfant gâté de tout l'équipage : les matelots lui souriaient quand il passait près d'eux, comme ils auraient fait à un enfant; les officiers le choyaient et lui donnaient toutes sortes de douceurs. Ses compagnons de gamelle, par une familiarité qui ne lui plaisait guère, mais à laquelle il ne pouvait pas trop résister, l'avaient surnommé *Dolly*, la Poupée. Pauvre enfant! on se souvint longtemps de lui. J'ai oublié quelle était sa maladie; mais il allait de plus en plus s'affaiblissant, et il finit par s'éteindre à peu près comme eût fait un flambeau exposé aux vents de ces orageux parages. Il mourut le matin; mais ce ne fut que le soir qu'on prépara ses funérailles.

Je me souviens que, dans le jour, je m'approchai de son hamac, et qu'en posant ma main sur son sein, je fus surpris d'y trouver encore de la chaleur, tellement que je m'imaginai sentir battre son cœur. C'était sans doute une vaine illusion; mais j'étais très-attaché à mon petit camarade, n'étant guère moi-même plus grand que lui, et j'éprouvai je ne sais quel sentiment de joie en voyant que mon ami, mort depuis plusieurs heures, n'était pas encore glacé de ce froid désolant qui s'empare de nous après le trépas.

Longtemps après, j'ai quelquefois réfléchi à cet incident, à propos de la poétique croyance des Espagnols, qui prétendent qu'à peine morts, les enfants sont changés en anges, sans aucune des lentes transitions que subissent les âmes des autres mortels. Les circonstances particulières des funérailles que je viens de décrire, et les bizarres superstitions des marins à cette occasion, concoururent à graver cette scène dans ma mémoire.

Il survint quelque obstacle qui empêcha la cérémonie d'avoir lieu à l'heure accoutumée, et il fallut la différer jusqu'après le coucher du soleil. La soirée fut extrêmement sombre. Il soufflait une forte bise. Nous venions d'amener les vergues de hune, et nous disposions tout pour une nuit de tempête. Comme les lumières nous étaient indispensables pour y voir, plusieurs fanaux de signal furent placés sur les lisses du gaillard et le long des lisses de la poulaine. Tout l'équipage et les officiers étaient assemblés, les uns sur les boute-hors, les autres dans les embarcations, tandis que le gréement était plein jusqu'au trélingage. Au-dessus, la voile de grand hunier, illuminée jusqu'à la vergue par le moyen des lampes de bord, s'arquait sous le vent, qui augmentait de minute en minute et tourmentait tellement la grande écoute, qu'on ne savait s'il ne serait pas nécessaire d'interrompre les funérailles pour s'occuper du navire. Le premier pont et la batterie basse étaient complétement dans l'eau; plusieurs fois les collets des canons y furent plongés, de sorte que l'extrémité du panier à claire-voie sur lequel étaient déposés les restes du pauvre Dolly faillit toucher une ou deux fois la crête écumeuse des vagues. La pluie tombait à grosses gouttes sur les têtes nues des matelots, et, pendant toute la cérémonie, l'eau coulait aussi de la bordure de la grande voile sur les officiers. Enfin, le vent gémissait entre les voiles humides avec une voix si mélancolique, qu'il eût été impossible d'imaginer une musique plus lugubre et plus appropriée à la circonstance.

Le vaisseau, ébranlé par un violent orage, craquait de l'avant à l'arrière, de sorte qu'avec le bruit de la mer, le froissement des cordages et le sifflement du vent, on aurait à peine pu distinguer un mot du service des morts. Les matelots cependant comprirent, à un geste du capitaine, que c'était le moment, et le corps de notre jeune camarade fut jeté aux vagues.

En ce moment même, une rafale si terrible passa sur le vaisseau, qu'on ne put entendre le bruit accoutumé produit par la chute d'un corps dans la mer : ce qui fit croire aux matelots que leur enfant chéri « avait été transporté sur les ailes du vent au milieu du chœur des anges. »

XVIII.

Sir Walter Scott à Portsmouth.

De tous les voyages que j'ai faits durant le cours de ma vie, le plus intéressant, selon moi, fut une tournée à Portsmouth, en la compagnie de sir Walter Scott, lorsque cet homme célèbre s'embarqua pour l'Italie.

L'intérêt extraordinaire avec lequel le public a accueilli jusqu'à ce jour tout ce qui se rattachait à un auteur dont le génie a été universellement apprécié, me porte à croire que le simple récit des faits relatifs à son embarquement sera reçu avec la même faveur.

Dans l'été de 1831, on apprit que la santé de l'auteur de *Waverley* avait beaucoup souffert par suite de plusieurs attaques de sa dernière maladie, et, vers l'automne de la même année, la nouvelle se répandit que les médecins lui avaient ordonné de quitter son pays natal. Quelques obstacles s'y opposaient cependant assez fortement : d'abord, sir Walter Scott lui-même montrait une répugnance extrême à s'éloigner de l'Écosse. Peut-être savait-il aussi bien que ses docteurs qu'il n'avait pas longtemps à vivre; quoi qu'il en soit, il est certain qu'il désirait vivement ne pas exhaler son dernier soupir ailleurs que dans son manoir chéri d'Abbotsford, que l'on pourrait vraiment nommer, comme l'un de ses romans, *la création de ses propres mains.* Ensuite, la situation dans laquelle il se trouvait ne lui permettait pas d'entreprendre un voyage de long cours sur les routes raboteuses de la France et de l'Italie, et, pour ajouter encore aux difficultés, on doutait que le transport par mer fût préférable. Une seule ressource restait donc : c'était celle d'un passage à bord d'un bâtiment de guerre; mais, comme il se refusait à solliciter cette faveur, ses amis étaient dans une perplexité inexprimable. Les médecins néanmoins continuèrent à déclarer positivement qu'il fallait à toute force que Walter Scott quittât Abbotsford, s'il voulait conserver la plus faible espérance de guérison; il leur paraissait évident, ainsi qu'à tout le monde, que ses travaux littéraires, auxquels il ne pouvait s'arracher, augmentaient le mal qui le minait et l'augmenteraient aussi longtemps qu'il resterait chez lui.

Enfin, un de ses amis intimes, M. Robert Cadell, l'éditeur de ses œuvres, m'écrivit pour me consulter confidentiellement sur ce cas, en me priant de m'informer de quelle manière il était possible d'obtenir un passage à bord d'un vaisseau de guerre destiné pour la Méditerranée. La journée était fort avancée lorsque cette lettre me parvint; mais, bien que l'heure des bureaux fût passée, je crus que j'aurais tort de m'assujettir à l'étiquette quand la vie d'un grand homme était en péril. Je m'acheminai donc vers l'Amirauté, et demandai à parler à sir James Graham; on me répondit qu'il s'habillait pour dîner et ne pouvait, par conséquent, recevoir personne. Je pris alors la liberté de lui écrire quelques mots pour lui annoncer qu'il venait de m'arriver d'un des amis de sir Walter Scott une communication dont j'aurais désiré mettre, sans différer, le contenu sous ses yeux, dans l'espérance que son intervention, en cette circonstance, pourrait contribuer à conserver à l'Angleterre l'une de ses plus brillantes illustrations.

Ainsi que je m'y attendais, sir James ordonna aussitôt que l'on me fît entrer, et, avant que j'eusse eu le temps de lui lire la moitié de la lettre de M. Cadell, il m'assura que le gouvernement consentirait, sans nul doute, à tout ce qui serait capable d'accélérer le rétablissement de la santé de sir Walter Scott. Lorsque je lui eus donné quelques détails sur la position du célèbre romancier, il me dit qu'un vaisseau devait sous peu mettre à la voile pour l'île de Malte, et qu'il pouvait regarder son passage sur ce bâtiment comme assuré.

« Quant à la manière dont tout cela sera arrangé, ajouta-t-il, laissez-m'en le soin. Je connais personnellement le capitaine Pigot, du *Barham* (c'est le nom de la frégate qui est sur le point d'appareiller pour la Méditerranée), et j'obtiendrai de lui, à titre de faveur particulière, ce que vous souhaitez, qu'il se présente ou non quelques difficultés imprévues. En attendant, comme il est important que sir Walter Scott ait, autant que possible, le temps de se préparer, et que le navire est sous voiles, prêt à lever l'ancre au premier signal, je vous prie de lui écrire promptement, afin que votre lettre parte par la malle d'aujourd'hui. »

Pour ne pas mettre dans cette affaire moins d'empressement que le noble lord, je pris un cabriolet aussitôt que j'eus terminé mon épître, et allai la porter moi-même à la poste, à sept heures et demie : on était alors au 13 septembre.

Il paraît que sir James Graham pensa, après mon départ, que, quoique le capitaine Pigot ou tout autre officier de la marine dût être charmé de recevoir à son bord sir Walter Scott, il pourrait cependant être désagréable pour ce dernier d'avoir une pareille obligation à un étranger; car, le lendemain, on me remit de sa part un billet dont la teneur me suggéra la réflexion qui précède. Voici en quels termes ce billet était conçu :

(Particulière). a Amirauté, le 16 septembre 1831.

« MON CHER MONSIEUR,

« J'ai reçu de Sa Majesté l'ordre d'accorder un libre passage sur le *Barham*, en partance pour Malte, à sir Walter Scott et à sa fille. J'ai éprouvé le plus vif plaisir à rapporter à sir Walter Scott lui-même les gracieuses paroles dont Sa Majesté s'est servie pour me faire connaître son consentement.

« J'ai été vraiment heureux d'avoir trouvé l'occasion de témoigner à l'illustre auteur de *Waverley* l'estime profonde dont je suis pénétré pour lui, et je vous remercie de m'avoir mis à même de lui prouver la sincérité de mes sentiments.

« Votre dévoué,

« *Signé*, J. R. G. GRAHAM.

« *Au capitaine Basil Hall.* »

D'après le plaisir que fit éprouver cette faveur du premier lord de l'Amirauté, qui ne fut simplement, en cette circonstance, que l'intermédiaire par lequel elle arriva du trône au plus distingué de ses sujets, on peut aisément se former une idée de la vive satisfaction que dût éprouver aussi notre excellent monarque à faire un tel usage de son pouvoir. Je crois même, en vérité, qu'il n'y eût jamais acte de condescendance qui fût plus universellement ou plus justement approuvé dans le pays que celui-là.

Si pareille chose fût arrivée à Shakspeare, si sa santé, dans les dernières années de sa vie, eût réclamé le secours d'un voyage maritime, avec quelle gratitude la postérité aurait proclamé la bonté et la sagacité de la « bonne reine Élisabeth! » Avec quelle unaniinité elle aurait béni la mémoire de cette princesse, si elle avait, comme notre souverain actuel, devancé les vœux de ses sujets et de leurs descendants, en mettant un bâtiment de guerre aux ordres du grand poëte! On ne peut douter que l'auteur de *Waverley* ne soit regardé plus tard du même œil que nous regardons maintenant Shakspeare, et qu'il ne soit admiré comme nous admirons le poëte de l'Avon.

Qui ne se rappelle la sensation que produisit alors la délicatesse avec laquelle cet intérêt témoigné à un seul individu fut si gracieusement converti en affection pour tous? Chacun parut avoir reçu une faveur particulière, chacun se montra heureux de la distinction accordée à sir Walter Scott, comme si elle lui eût été accordée à lui-même; car, assurément, jamais acte ne gagna à un roi autant de popularité que cette distinction en valut à Guillaume IV.

L'attachement que l'illustre romancier avait pour son manoir gothique, pour sa bibliothèque, pour ses manuscrits rares, et pour ce bois d'Abbotsford, dont il avait planté tous les arbres, n'était pas encore le seul motif qui lui fît regretter de quitter sa patrie. Une cause plus noble, une cause plus digne de lui et du caractère qu'on lui connaît, le retenait par des liens au moins aussi forts : il craignait de ne pouvoir remplir ses engagements pécuniaires; il ne pensait qu'à se libérer, et considérait comme perdue chaque heure qui ne contribuait pas directement à l'accomplissement de ce noble devoir.

Un jour, le docteur Abercrombie, d'Édimbourg, lui représentait la nécessité d'apporter une plus grande modération dans ses travaux.

« Sir Walter, lui disait-il, il ne vous faut plus écrire tant, et même il ne vous faut plus travailler du tout.

— Docteur, répliqua l'auteur de *Waverley*, Marie, lorsqu'elle met la chaudière sur le feu, pourrait aussi bien dire : « Chaudière, chaudière, garde-« toi bien de bouillir! »

Walter Scott, cependant, finit par céder aux instances réitérées du docteur Abercrombie et à celles des plus habiles médecins du pays : il se sépara tristement de son bien-aimé Abbotsford et, non sans soupirer profondément, se mit en route pour Londres, où il arriva après un heureux voyage.

Comme j'avais été, en quelque sorte, la cause immédiate de son départ d'Écosse, je m'empressai d'aller le visiter, et lui offris mes services pour l'accompagner jusqu'à Portsmouth. Bien que son passage fût libre, et que le capitaine Pigot du *Barham* fût digne à tous égards de recevoir convenablement et avec les honneurs qui lui étaient dus l'homme illustre confié à ses soins, cependant l'expérience m'avait appris qu'en de semblables occasions il y a toujours une foule de petits riens qui ne sauraient être parfaitement compris par les personnes étrangères à la marine, et le capitaine, pour s'en mêler, était trop occupé de mettre son vaisseau en état de faire voile.

Sir Walter refusa d'abord mon offre, disant qu'il m'avait déjà trop dérangé. Il était impossible de lui faire comprendre que ce qui aurait pu être considéré vis-à-vis de toute autre personne comme désagréable ne pouvait être, vis-à-vis de lui, qu'un honneur et un plaisir à faire des jaloux. Peut-être même aurait-il persisté, si une difficulté imprévue, qui s'éleva à Londres, ne l'eût engagé à m'appeler à son secours. Un de ses amis, animé sans doute des meilleurs sentiments, lui avait dit qu'il fallait qu'il fît, à la fin de son voyage, un présent au capitaine du navire qui l'aurait conduit.

« Mais, dit-il assez embarrassé, y est-on obligé? est-ce l'usage? et, dans ce dernier cas, que me faut-il donner? Quoique ce soit singulier, je l'avoue, ajouta-t-il, cependant je voudrais me conformer à ce qui est reçu et agir en conséquence. »

Je l'informai aussitôt que non-seulement il n'était ni reçu ni d'usage de faire aucun présent en pareille occasion, mais encore qu'en suivant le conseil qui lui était donné il offenserait M. Pigot, au lieu de lui plaire, ainsi qu'il le désirait.

« Ne pourrais-je pas alors, me répondit-il, lui offrir un exemplaire d'un de mes romans avec quelques lignes de ma main? »

Je l'assurai qu'un cadeau de ce genre rendrait le capitaine extrêmement heureux. Et, revenant à la charge avec plus de force, je le priai de me permettre de l'accompagner à Portsmouth : « Acceptez, je vous prie, mon offre sincère, lui dis-je, ne fût-ce que pour que les dames qui vous accompagnent aussi jusqu'au lieu de votre embarquement ne s'en retournent pas seules. » Il se rendit à mes instances, et, un dimanche matin, le 23 octobre 1831, nous quittâmes Londres par un temps sombre et pluvieux.

Il ne nous arriva point d'aventures remarquables en route, excepté cependant un accident qui faillit mettre en danger les jours de Walter Scott. A un relais, à Guildford, je crois, un cheval aveugle, tournant brusquement pour entrer dans son écurie, le jeta si violemment par terre, qu'il aurait pu être tué. Quel destin étrange, si l'auteur de *Waverley*, le génie le plus beau peut-être du monde littéraire, était mort sous les pieds d'un cheval de poste aveugle !

Afin de tout préparer pour sa réception, je pris les devants ; mais en arrivant à Portsmouth je trouvai la principale auberge, *the George*, entièrement pleine. Je m'adressai alors à M. Nance, l'hôte de *la Fontaine*, qui fut si enchanté d'avoir l'honneur de recevoir sir Walter Scott, qu'il persuada à une famille qui occupait ses appartements de chercher un gîte ailleurs.

Le lendemain, sir Walter Scott lui-même reçut la visite du capitaine Pigot, qui l'assura qu'il ne négligerait rien de ce qu'il croirait propre à lui rendre la traversée agréable, et que son équipage entier, animé des mêmes sentiments, saisirait toujours avec empressement les occasions de les lui exprimer. Walter Scott fut très-sensible à l'obligeance de cet officier, et le lui témoigna vivement.

En examinant le navire, j'aperçus des deux côtés une rangée de cabines qui avaient été élevées par ordre de l'Amirauté. Bien que ces emménagements fussent très-commodes, qu'ils eussent été élégamment meublés par le capitaine Pigot, et qu'ils fussent, enfin, propres à recevoir les hôtes pour lesquels ils étaient destinés, cependant le capitaine me pria, à diverses reprises, de lui indiquer ce qui manquait encore; et de le croire complétement au service de sir Walter Scott.

Comme il paraissait souhaiter que je lui fisse une observation quelconque, je jetai les yeux autour de moi, dans le but de découvrir des défauts là où je ne voyais que perfections. « Il me semble, lui dis-je, que les petits caillebotis qui forment les degrés de l'escalier de votre gaillard d'arrière présentent quelque danger pour sir Walter Scott; car si le bout de sa canne, dont il ne peut se passer, entrait dans l'un de ces trous, il tomberait, la tête la première, sur le grand pont. »

Le capitaine Pigot se tourna aussitôt vers son premier lieutenant, M. Walker, et lui enjoignit de faire remédier sur-le-champ à l'inconvénient que j'avais signalé : avant de quitter le navire, j'eus la satisfaction de voir les caillebotis enlevés et des planches solides mises à la place. Il en fut de même d'une foule d'autres détails.

Pendant que ces choses se passaient à bord, tout le monde, à terre, semblait rivaliser à qui rendrait le plus d'honneurs à l'illustre voyageur. Le sous-gouverneur, sir Colin Campbell, et les autorités locales allèrent lui rendre visite, comme s'il eût été un prince. L'amiral du port, sir Thomas Foley, lui dit que son yacht, *le Sylphe*, et la chaloupe du vaisseau du commandant étaient à ses ordres, si lui ou quelque personne de sa famille désirait faire une promenade en mer. Le commissaire, enfin, M. Michel Seymour, lui offrit également ses services, et lui demanda s'il désirait voir l'arsenal.

« Je suis trop faible pour pouvoir profiter de votre obligeante invitation, répondit le châtelain d'Abbotsford ; mais je crois que ma famille serait curieuse d'assister à la fabrication d'une ancre. »

Le lendemain, sir Walter Scott reçut un message par lequel on l'avertissait qu'une grosse ancre serait forgée à l'heure qui serait désignée par lui ou par ses dames.

Les lords de l'Amirauté, s'étant trouvés par hasard à Portsmouth, vinrent aussi visiter sir Walter pour savoir s'ils ne pouvaient rien faire de plus pour lui être agréable. On s'imaginait, à cette époque, que le gouvernement était sur le point d'ordonner un armement contre la Hollande ; de toutes manières on présumait qu'il serait possible que les vaisseaux en rade à Spithead et à Plymouth fussent dirigés sur les Dunes. Walter Scott conçut alors l'espérance que *le Barham* ne serait point excepté de cette mesure, et qu'il trouverait ainsi un prétexte des plus plausibles pour rester en Écosse. Cette espérance, cependant, ne fut pas de longue durée ; car on lui écrivit que la destination de la frégate sur laquelle il allait s'embarquer ne serait changée qu'à la dernière extrémité. Voyant que le sort était ainsi contraire à ses vœux, il tâcha de prendre son parti, et y réussit assez bien, quoiqu'il ne se flattât point que le voyage d'Italie pût lui rendre la santé qu'il avait perdue. Je l'entendis un jour exprimer son étonnement de ce que deux des plus grands romanciers anglais n'avaient quitté leur patrie que pour mourir, Fielding et Smollett.

Le même soir, il me pria d'aller lui chercher, chez M. Harrison, libraire, le *Journal d'un voyage à Lisbonne*, par Fielding. « Ce petit livre, dit-il, le dernier qu'il écrivit, est assurément l'une de ses plus spirituelles et de ses plus amusantes compositions, bien qu'il l'ait composé pendant sa maladie et au milieu de vives souffrances. »

Un autre jour, parlant des chevaliers de Malte, il me pria de nouveau d'envoyer quelqu'un lui chercher une histoire de cette île, et, comme le domestique sortait pour aller chez le libraire, une personne s'écria : « Dites à M. Harrison d'envoyer aussi quelques-uns de ses ouvrages amusants.

— Si nous n'y prenons garde, reprit un autre, on nous enverra une pile de romans de Walter Scott.

— Vous avez raison, s'écria l'auteur lui-même; car ce serait envoyer du charbon à Newcastle. »

La Société philosophique de Portsmouth, qui désirait depuis longtemps de le compter au nombre de ses membres, lui écrivit pour solliciter cet honneur. La députation qu'elle chargea de porter son message arriva malheureusement à l'auberge de *la Fontaine* au moment où sir Walter Scott était à table.

« Leur dirai-je que vous les recevrez tout à l'heure ou demain matin? lui demandai-je.

— Oh! non, répondit-il : cela pourrait les blesser; faites-les entrer, je vous prie. »

Comme l'occasion de voir l'illustre romancier était trop bonne pour ne pas en profiter, la députation des philosophes était en nombre. Sir Walter Scott, cependant, causa avec chacun des membres avec affabilité, parut prendre le plus grand intérêt à l'histoire de leur ville et à ses curiosités, but un verre de vin avec eux, et leur secoua cordialement la main à tous; aussi se retirèrent-ils enchantés de la réception qu'il leur avait faite.

Un jour, lorsque les dames se disposaient à partir pour rendre visite à lady Seymour et à ses filles, à l'arsenal, il dit :

« Que l'une de vous écrive mon nom sur une carte et la remette de ma part à sir Michel Seymour, car je n'ai pas la force d'aller si loin; mais non, demeurez, reprit-il avec un sourire plein de finesse et de gaieté, donnez-moi la plume, j'écrirai moi-même; ces demoiselles seront peut-être bien aises de conserver cela comme un autographe. »

Quoique sir Walter Scott marchât peu et avec quelque difficulté, il ne paraissait cependant point se déplaire en société; aussi *la Fontaine* ne désemplissait-elle point : c'était à qui pourrait être admis à lui présenter ses respects ; il avait toujours des paroles obligeantes en réserve pour chacun de ses visiteurs, et ne refusait de voir personne. Il se montrait enfin affable pour tout le monde, sans même en excepter les curieux. Une fois, une de mes anciennes connaissances, un matelot, nommé Bailey, facteur de l'Amirauté, me demanda, après beaucoup d'hésitation et force circonlocutions, s'il lui serait possible de voir sir Walter Scott « pour l'entendre parler. » Je lui répondis que rien n'était plus facile, et que lorsqu'il apportait, comme de coutume, des lettres de la poste, il n'avait qu'à faire dire seulement qu'il désirait les remettre en personne. Ce conseil porta ses fruits. Le lendemain matin, à l'heure du déjeuner, le garçon me dit : « Bailey, monsieur, veut remettre à sir Walter les lettres qui lui sont adressées; il prétend que vous l'avez engagé à agir de la sorte. » Sir Walter Scott me regarda en riant ; mais, quand je lui eus fait connaître quels étaient les désirs de ce brave homme, il commanda qu'on l'invitât à monter, et lui secouant affectueusement la main :

« J'espère, lui dit-il, que vous êtes satisfait, maintenant que vous m'avez entendu parler.

— A ma connaissance, monsieur, il y a trois hommes, dit Bailey, qui ont voulu s'engager en qualité de matelots sur *le Barham*, uniquement parce que vous deviez y prendre votre passage.

— Quoi qu'il arrive, ils trouveront, j'en suis sûr, un bon navire et un bon capitaine, » répliqua sir Walter Scott.

« La curiosité de cet honnête homme, poursuivit-il lorsque la porte fut fermée, a assurément quelque chose de flatteur pour moi ; mais je regarde comme le plus grand honneur qui m'ait encore été rendu la marque de dévouement et de considération que me donna, la semaine dernière, un marchand de poissons de Londres. Un des domestiques de la maison dans laquelle je demeurais lui demanda, je crois, de la morue pour dîner. Comme la journée était avancée, il n'en restait plus ; cependant, quand il eut mentionné le nom de la personne à laquelle cette morue était destinée, le marchand dit que c'était tout différent, et que, si l'on pouvait en trouver un morceau à Londres, par amitié ou pour de l'argent, je l'aurais. En conséquence, cet homme lui-même voulut me porter le poisson de Billingsgate à Sussex-Place, dans Regent's Park. Maintenant, si cela n'est pas de la réputation littéraire, je ne sais vraiment pas ce que c'est ! »

La santé de sir Walter ne lui permettait de

prendre que fort peu d'exercice : il se plaignait surtout de faiblesse dans les jambes ; néanmoins, il faisait en sorte de se promener une fois par jour, pendant une demi-heure environ, sur les remparts, entre la plate-forme et le bastion du sud-est, qui était celui sur lequel était planté le pavillon. Il se levait ordinairement à six heures et demie, et venait dans le salon, où il commençait à écrire son journal sur un gros livre in-4° relié en veau. J'avais soin d'être toujours levé et habillé avant qu'il quittât sa chambre, afin d'être prêt à lui donner mon bras, sans l'assistance duquel il lui était difficile de se promener. Je le vis une fois essayer de marcher sans son bâton, depuis la table où il déjeunait jusqu'à celle sur laquelle était son pupitre : il n'atteignit le but qu'avec peine. Ce fut alors que je lui entendis dire, avec plus d'amertume qu'il n'en entrait ordinairement dans ses paroles : « Il est assez étrange de me retrouver maintenant, à l'âge de soixante ans, dans la même situation qu'après la maladie dangereuse qui mit ma vie en péril lorsque je n'avais que sept ans. »

Il me dit un matin, en me montrant son registre : « Tenez-vous un journal, capitaine? Je pense que vous avez dû en tenir un toute votre vie. » J'entrai dans quelques détails avec lui sur ce sujet, et ajoutai un ou deux mots sur la difficulté de se livrer à des écritures lorsqu'on se trouvait, pour ainsi dire, entre les griffes des *diables* d'un imprimeur.

« Oh! oui, c'est vrai, c'est bien vrai! s'écria-t-il en soupirant; car je crains qu'une partie du mal qui me mine n'ait d'autre origine que l'excès du travail. Que je vous serve d'exemple, capitaine; vous voyez qu'il est dangereux de vouloir travailler au-dessus de ses forces. »

Il me parla alors de ses affaires; et, quand j'eus prononcé, par hasard, le nom de son éditeur, M. Robert Cadell, d'Édimbourg, il dit en soupirant de nouveau : « Ah! si j'avais été entre les mains de notre excellent ami Cadell tout le temps que j'ai écrit pour le public, je posséderais certainement aujourd'hui deux cent mille livres sterling, au lieu d'être obligé de m'exténuer pour acquitter mes dettes. »

Je me hasardai à remarquer que le mal dont il se plaignait, considéré d'une certaine manière, était peut-être un bien, puisque, depuis ses embarras financiers, ses travaux avaient eu un but plus généreux, plus désintéressé, plus noble, enfin, que celui d'amasser de l'argent.

« Vous pouvez avoir raison, répondit-il; car un écrivain ne devrait pas avoir uniquement ni même principalement l'argent en vue. Amasser de l'argent n'est pas l'affaire d'un homme de lettres. » Puis, parlant de son voyage, il ajouta : « Je cours la chance du dé en m'embarquant; cette chance peut m'être favorable, comme elle peut ne pas l'être.... tandis que l'on peut mourir partout.

— Je trouve, répliquai-je, que l'on attache souvent trop d'importance à un revers de fortune : c'est un des plus petits des grands maux de la vie, et il devrait être classé au nombre des plus supportables.

— Dites-vous que c'est une petite infortune que d'être ruiné? demanda-t-il.

— Cela est moins pénible, de toute manière, que de perdre ses amis.

— J'en conviens, dit-il.

— Cela est moins pénible aussi que de perdre sa réputation.

— Il est vrai.

— Et que de perdre la santé.

— Voilà mon affaire! murmura-t-il d'une voix si mélancolique, que j'aurais voulu, pour tout au monde, n'avoir point parlé.

— Qu'est la perte de la fortune, comparée à celle de la paix de l'âme? continuai-je.

— En un mot, dit-il gaiement, vous allez me prouver que l'on doit se trouver satisfait de son sort lorsqu'on est plongé, jusque par-dessus les oreilles, dans des dettes que l'on ne peut acquitter.

— Cela dépend, je crois, des causes qui ont amené la ruine, et des efforts que fait, pour y remédier, celui qui en est la victime, du moins si c'est un homme d'honneur.

— J'espère que cela ne dépend point d'autre chose, » dit-il avec fermeté, mais d'un ton plus gai.

Dans le but de donner au sujet dont nous nous entretenions une tournure moins sérieuse, je remarquai que je croyais qu'un panaris sur l'index droit d'un auteur (accident dont je me trouvais alors affligé), n'était pas un petit désagrément.

« C'est la vérité, répondit-il; car il n'est certainement pas amusant d'écrire de la main gauche. »

Il peut être intéressant pour les personnes qui s'occupent de littérature de dire ici qu'il y a quelques années, dînant avec sir Walter Scott, à Édimbourg, je saisis l'occasion qui s'offrait à moi de lui demander combien d'heures il pouvait écrire chaque jour.

« Je regarde un travail de cinq heures et demie par jour, dit-il, comme très-grand, surtout lorsque l'esprit est tendu sur une composition : il est rare que je parvienne à travailler six heures; j'ai d'ailleurs l'opinion que l'on ne fait rien de bon lorsque l'on a dépassé ce laps de temps. »

Je lui demandai comment il divisait ces six heures.

« J'essaye, me répondit-il, d'écrire deux ou

trois heures avant le déjeuner, et le reste ensuite, dès qu'il m'est possible, afin d'être libre, dans l'après-midi, de me promener, de monter à cheval, de lire ou de ne rien faire. »

Il est essentiel de remarquer que cette conversation avait eu lieu à Édimbourg avant que sir Walter Scott abandonnât sa charge de greffier, et que, dans ses réponses, il faisait allusion aux vacances qu'il passait à Abbotsford, durant l'intervalle qui séparait les sessions. J'inférai de quelques paroles qui lui échappèrent dans le temps qu'il suivait la même marche pour ses travaux intellectuels, lorsque l'ouverture des tribunaux le rappelait en ville ; il comptait alors probablement pour rien les devoirs de greffier qu'il remplissait, parce qu'ils étaient faciles et qu'ils n'exigeaient pas beaucoup d'efforts d'imagination. Quand on pense qu'il travaillait quelquefois pendant dix, douze et même quatorze heures par jour, au lieu de cinq ou six, on ne peut douter que ce ne soit cet excès de travail qui ait abrégé ses jours.

J'ai déjà dit que, pendant les derniers jours que les vents contraires le retenaient à Portsmouth, sir Walter Scott parut retrouver son ancienne gaieté : il plaisantait et disait ses vieilles histoires avec presque autant de charme et de verve qu'autrefois. Il commença aussi, à cette époque, à parler avec intérêt du voyage qu'il allait entreprendre, et son œil brillait du feu de la jeunesse lorsqu'il disait qu'il verrait peut-être les pyramides d'Égypte, Athènes et Constantinople. Un étranger qui l'aurait aperçu en ce moment ne se serait point douté de son état; mais, dès qu'il se levait ou qu'il essayait de se lever, sa faiblesse n'était que trop visible. Un soir, après avoir causé pendant une heure avec beaucoup d'enjouement, il manifesta le dessein de se retirer; je lui offris aussitôt mon bras; cependant il ne put se remettre sur ses jambes qu'à la troisième tentative. « Ah! s'écria-t-il, cette maudite faiblesse me gagne de plus en plus! » Et il ajouta après une longue pause : « Qu'il est pénible que, juste au moment, au moment même où, pour la première fois de ma vie, je puis me regarder comme libre d'aller partout où il me plaît et de faire tout ce qui me passe par la tête, je sois ainsi enchaîné par la maladie, au point de ne pouvoir traverser la rue, quand bien même la chose du monde la plus curieuse m'attendrait de l'autre côté! »

Cependant le lendemain, le 28 octobre, vers six heures et demie ou sept heures du matin (j'étais alors assis dans le salon), il marcha avec assez de facilité. Il agita sa canne, et il m'invita à l'accompagner pour l'aider à se promener sur les remparts : le temps était superbe. En arrivant sur la plate-forme, il regarda autour de lui, et me dit:

« Maintenant, montrez-moi l'endroit où Jean le Peintre fut pendu. »

Je lui indiquai le lieu qui est occupé aujourd'hui par une espèce de place sur la partie intérieure de Blockhouse-Point. Je me rappelais y avoir vu, plus de vingt-neuf ans auparavant, lorsque j'allai à la mer comme novice, les os de Jean pendus dans des chaînes. Il semblait si bien connaître les exploits du peintre, et particulièrement son incendie de l'arsenal, que je lui demandai s'il en avait lu dernièrement le récit.

« Je n'en ai pas entendu parler depuis trente ou quarante ans, » me répondit-il.

Comme nous longions les remparts, il jetait fréquemment les yeux du côté de Spithead. Il finit par s'arrêter, et me pria de lui montrer la place où se tenait ordinairement *le Royal William* pendant la guerre.

« Où *le Royal Georges* a-t-il échoué? » me demanda-t-il ensuite.

Je lui montrai la bouée. Alors, comme pour mettre sa mémoire à l'épreuve, il murmura, d'une voix si basse qu'à peine pouvais-je l'entendre, un vers ou deux du poëme que Cowper a composé sur cette catastrophe.

His fingers held the pen, his sword —

« Non, dit-il se reprenant, ce n'est pas cela.

« His sword was in his sheath —
His fingers held the pen,
When Kempenfelt went down
With twice four hundred men. »

« L'épée de Kempenfelt (le capitaine du *Royal Georges*) était dans son fourreau; ses doigts tenaient la plume, lorsque lui et huit cents hommes coulèrent à fond. »

Il fut très-gai pendant toute cette promenade, et me conta cinq ou six de ses meilleures histoires. La plupart m'étaient déjà connues; mais il les avait habillées d'une autre manière, et les détails en étaient encore plus piquants. Il m'en dit pourtant une que j'ignorais; elle a, je crois, été publiée depuis dans un des volumes de la nouvelle édition de ses romans. A l'âge de deux ans environ, il fut confié aux soins d'une jeune servante; et, comme il était souffrant et faible, on l'envoya à la campagne chez son grand-oncle. « Mes maux cependant, dit-il, furent sur le point d'être bientôt terminés; car la fille à laquelle on m'avait remis, ayant perdu la tête par suite de quelque amour malheureux, résolut de me faire mourir. Dans ce dessein, elle me porta dans une tourbière voisine, puis, m'ayant posé sur la bruyère, elle tira ses ciseaux, et se disposa à me couper la gorge.

— Eh bien! monsieur, dis-je, étonné du sang-froid avec lequel il s'exprimait, qui lui retint le bras?

— Je crois, reprit-il, que l'enfant la regarda en souriant, et qu'elle n'eut pas le courage d'achever.... »

Une autre fois, causant avec Walter Scott de l'infirmité de son pied droit, je lui demandai si cette infirmité ne l'avait pas beaucoup incommodé dans sa jeunesse.

« Non, presque pas, me répondit-il; on n'a cependant négligé aucun moyen de me guérir, car l'on m'a même enveloppé d'une peau de mouton : je ne me rappelle pas en avoir éprouvé aucun soulagement, mais seulement une sensation des plus désagréables, lorsque je sentis le contact de cette peau fraîchement arrachée du dos de l'animal et appliquée encore toute fumante sur mon corps. »

Immédiatement après le déjeuner, le matin du 29 octobre, le capitaine Pigot quitta *le Barham* pour dire à l'auteur de *Waverley* que, quoique le vent ne fût pas, strictement parlant, favorable, puisque le calme était plat, néanmoins il pensait qu'il fallait profiter de ce moment pour s'embarquer. Walter Scott paraissait charmé de partir : « Il y a une semaine, dit-il, que nous sommes ici prisonniers, et il me tarde de me trouver enfin sur ce que vous appelez *l'onde azurée.* Faites, je vous prie, capitaine, mes compliments au commissaire, et dites-lui que je lui serai infiniment obligé de m'envoyer la chaloupe qu'il nous a offerte pour nous conduire à bord. »

Pendant qu'il parlait, M. Layton, lieutenant de pavillon, entra, chargé de faire les compliments de l'amiral sir Thomas Foley, et lui dit que ce dernier, ayant appris que *le Barham* était prêt à mettre à la voile, avait enjoint à *la Britannia* d'envoyer un canot pour transporter sir Walter Scott et sa famille à Spithead.

Il fut bientôt prêt; mais les personnes qui l'avaient accompagné, ayant leurs malles à faire, retardèrent le moment du départ. Pendant ce temps, l'auteur de *Waverley* était assis dans le salon et parlait à tous ceux qui entraient de son voyage, de la beauté du jour, des bontés du roi, de l'amirauté, de l'amiral, du capitaine de son vaisseau. Je ne l'avais jamais vu si gai; enfin il s'écria en riant :

« En vérité, il est ridicule de se donner tant de mal pour un seul homme. »

Il raillait avec bonne humeur toutes les personnes qu'il voyait : nul ne pouvait échapper au feu roulant de ses plaisanteries.

Un peu après onze heures du matin, il s'embarqua au port de Sally, et atteignit Spithead par un temps magnifique. La mer semblait s'être calmée tout exprès pour lui ; elle présentait à l'œil l'aspect d'un immense miroir, et elle n'était ondulée qu'autour de nos rames, qui frayaient à notre canot un passage rapide. Les matelots, fiers de l'honneur qu'on leur avait fait en leur confiant l'illustre romancier, redoublaient de vigueur ; sous leurs bras nerveux, les avirons se ployaient comme des arcs, tandis que le rivage fuyait loin de nous et que l'horizon se déroulait en face de la proue. Pendant ce temps, Walter Scott admirait les beautés de l'île de Wight, et se faisait expliquer tous les détails du pilotage de cette côte ; car rien ne passait inaperçu à ses yeux. Nous éprouvâmes une vive satisfaction de voir notre vénérable ami le cœur si léger à l'heure du départ.

Quand nous abordâmes *le Barham*, nous trouvâmes qu'une échelle commode avait été préparée ; les officiers avaient fait descendre en outre un fauteuil pour que sir Walter pût avoir le choix de monter ou d'être hissé : il préféra ce dernier mode d'ascension, parce qu'il lui parut moins fatigant.

Lorsqu'il eut visité les cabines qui lui étaient destinées, et qu'il eut exprimé aux officiers combien il était satisfait, il revint sur le pont et s'assit au pied du mât de misaine. Là, il s'entretint encore quelques heures avec sa famille jusqu'au moment où l'on vint l'avertir qu'il fallait songer à faire ses adieux : une brise légère s'était élevée, et le vaisseau allait lever promptement son ancre.

Je n'oublierai jamais les derniers regards de ce grand génie, quand, placé sur le tillac, il serrait la main à tous ses amis et leur disait adieu d'un ton si déchirant, qu'il était facile de voir qu'il ne conservait plus d'espérance.

Pendant la semaine que je passai à Portsmouth en la compagnie de sir Walter Scott, j'eus souvent occasion de causer avec lui de ses divers romans. Je lui dis un jour que je m'estimais fort heureux d'avoir pu acquérir le manuscrit original de *l'Antiquaire*; il me répondit : « J'en suis bien aise; car c'est celui de mes romans que j'aime le mieux, et, si vous vouliez me prêter le manuscrit pour quelques minutes, j'écrirais avec plaisir un ou deux mots sur la première page. »

Je lui répondis qu'il était à Londres, mais que j'allais le faire demander, et que j'espérais le recevoir avant son départ. En attendant, je lui adressai une ou deux questions sur *l'Antiquaire*, et je m'informai s'il avait eu beaucoup de peine à le composer.

« Oh! nullement, répondit-il; je l'ai écrit *currente calamo* d'un bout à l'autre. »

Je lui demandai s'il avait jamais été témoin d'une scène pareille à celle où le baronnet et sa fille sont sur le point d'être engloutis par la marée montante.

« Non! me répondit-il, avec quelque impatience : tout cela est d'imagination. »

Je lui demandai ensuite s'il avait assisté à une scène semblable à celle qui se passe dans la cabane du pêcheur, quand son fils est dans son cercueil.

« Non, répliqua-t-il : je n'ai jamais assisté à une scène absolument semblable, dans tous ses détails, à celle que j'ai décrite; mais je me suis néanmoins trouvé dans des chaumières en pareille occasion.

— Rab Tull, le clerc de la paroisse, est-il un nom véritable? J'ai été induit à croire le contraire en remarquant qu'à la page 65 du premier volume du manuscrit le nom de cet ecclésiastique avait d'abord été écrit Rab Dozend.

— En effet, dit-il, Rab Tull est un nom supposé; celui de Tull est très-commun dans cette partie du pays (le pays de Dundee). »

Il rit beaucoup en répétant le mot Dozend, sans pouvoir se souvenir, cependant, pour quelle raison il l'avait transformé en Tull. Je ne voulus pas le fatiguer de nouvelles questions.

Ayant reçu le lendemain matin de bonne heure, par la malle, le précieux manuscrit, j'allai me poster dans le salon de sir Walter Scott, une heure avant son lever, pour le guetter au passage et lui rappeler la promesse qu'il m'avait faite. Je fus satisfait de voir à son air gai qu'il avait passé une bonne nuit; et, dès qu'il se fut placé devant un pupitre, je lui présentai le manuscrit de *l'Antiquaire.*

Il prit alors la plume, et, dans l'espace de moins d'une heure, il eut écrit deux pages dont la copie est ci-après. Lorsqu'il eut fini, je lui dis :

« Vous ajouteriez une grande valeur à cet écrit, sir Walter, si vous vouliez y mettre votre nom. » A l'instant il y apposa sa signature.

« La date aussi lui donnerait de la valeur.

— C'est vrai, répliqua-t-il, je l'avais oublié. » Et, reprenant la plume, il écrivit : « Portsmouth, le 27 octobre 1831. »

Voici la copie, mot pour mot, de ce curieux document. Ce sont les dernières lignes qu'il ait écrites en Angleterre.

« MON CHER CAPITAINE HALL,

« Comme le vent paraît décidément inflexible, je ne puis mieux employer mon temps qu'en faisant une annotation ou deux sur ce roman, auquel vous êtes assez bon pour attacher une valeur idéale. Le manuscrit en acquerra peut-être quelque importance à vos yeux, lorsque j'y aurai joint quelques petites explications, et lorsque vous saurez que *l'Antiquaire* est, de toutes les créations de l'auteur, celle pour laquelle il a toujours eu une prédilection marquée. C'est un de mes ouvrages de fiction (et ceux-là sont en très-petit nombre) qui contiennent un portrait d'après nature; et celui qui s'y trouve en relief est la ressemblance d'un ami de mon enfance, de mon adolescence et de ma jeunesse, fait qui a été découvert, dans le temps, par la finesse de M. James Chalmers, procureur à Londres. M. Chalmers, homme remarquable par sa probité en affaires et sa modestie, avait été un des vieux amis et des correspondants de mon père, quand il était jeune et actif. Jusque vers la fin d'une carrière prolongée au delà des limites ordinaires, il continua de s'occuper de littérature. Par suite de ce goût pour les lettres, il cherchait à savoir quel était l'auteur de *Waverley*; et, quand il eut lu *l'Antiquaire*, il dit à mon ami William Erskine qu'il était persuadé que Walter Scott, qu'il ne connaissait pas personnellement, était l'auteur mystérieux de *Waverley* et de ses frères. Ce qui l'en rendait certain était que le caractère de Jonathan Oldbuck de Monkbarns était dessiné d'après feu Georges Constable de Wallace Craigie, de Dundee, qui, du temps qu'il était à Édimbourg, dînait deux ou trois fois par semaine chez mon père, et avait coutume de parler avec admiration de mes faits et gestes, comme si j'eusse été un enfant extraordinaire. Je fus extrêmement surpris de cette découverte; car, ayant pris les précautions les plus minutieuses pour détruire toute trace de ressemblance, je n'avais pas de raison pour soupçonner qu'il existât à Londres quelqu'un qui se souvînt d'un ami qui était mort depuis longtemps et qui avait vécu dans la retraite la plus absolue pendant les dernières années de sa vie.

« Je saisis l'occasion de m'informer des souvenirs

qu'on avait conservés de lui, dans une circonstance où il m'arriva, comme on dit, « d'être sur les lieux. » Sa maison tombait en ruine; ses biens avaient été appliqués à quelque destination commerciale; on en parlait moins comme d'un original qu'il était réellement de son vivant, que comme d'un avare ou d'un misanthrope, défauts qui étaient assurément les traits les moins saillants de son caractère. Je lui devais beaucoup de reconnaissance pour la bonté avec laquelle il m'avait traité; je me rappelle surtout le temps où je résidai momentanément à Prestonpans, avec ma tante miss Janet Scott, une de ces excellentes personnes qui dévouent leurs loisirs et leur propre bien-être aux soins de quelque parent malade. Georges Constable avait aussi choisi sa résidence dans le voisinage : j'ai toujours pensé que ma tante y était pour quelque chose, car elle avait été une très-belle femme dans sa jeunesse. Nous étions continuellement ensemble tous les trois, et *l'Antiquaire* était mon compagnon. Ce fut lui qui m'apprit à lire et à comprendre Shakspeare. Quelquefois aussi il m'expliquait tous les mouvements des deux armées jacobite et hanovrienne sur le champ de bataille de Prestonpans, dont il avait vu les horreurs à distance respectueuse. Il nous fit connaître beaucoup de livres curieux, et il était d'une gaieté vraiment dramatique. J'ai parlé de cela dans la dernière édition de mes ouvrages, celle qui est désignée sous le nom d'édition de l'auteur de *Waverley*, mais cependant avec moins de détails que je ne voudrais vous en faire connaître.

« L'espèce de préférence que j'ai eue et que j'ai encore pour ce roman (*l'Antiquaire*), vient de ce qu'il se rattache aux premières scènes de ma vie. Me voici cherchant la santé par les voyages, tout juste comme je fis quand j'avais dix ans. Eh bien! je ne suis pas le premier qui ait fini sa vie comme il l'a commencée : je dois me rappeler avec reconnaissance ceux qui ont été mes amis dans le pèlerinage de ma jeunesse et de ma vieillesse. Au nombre de ces personnes, je dois comprendre le vieux Georges Constable et vous. »

WALTER SOTT.

Portsmouth, 27 octobre 1831[1]

1. Cette lettre de sir Walter Scott, écrite très-rapidement, présente dans l'original quelques phrases inachevées.

FIN.

TABLE.

FIN DE LA TABLE.

Imprimerie de Ch. Lahure (ancienne maison Crapelet)
rue de Vaugirard, 9, près de l'Odéon.

www.ingramcontent.com/pod-product-compliance
Ingram Content Group UK Ltd.
Pitfield, Milton Keynes, MK11 3LW, UK
UKHW031045260726
13965UKWH00006B/353

9 782013 562942